火星で生きる

スティーブン・ペトラネック
石塚政行 訳

How We'll Live on Mars

Stephen Petranek

朝日出版社
Asahi Press

TED Books

本文中の引用文については可能なかぎり既存の和訳を参照し、
一部は内容に沿うよう改訳しています。—— 訳者

訳注は[★]で示しています。

また私は、アメリカが競争に打ち勝って、新しい雇用を生み出すような発見を成し遂げることを望んでいます。たとえば〔…〕太陽系の星々を見に行くだけでなく、そこに滞在する技術の発見です。先月、われわれは新たに宇宙船を打ち上げました。停滞していた宇宙開発を再始動し、アメリカの宇宙飛行士を火星へ送り出そうとしているのです。

――バラク・オバマ前大統領の一般教書演説、2015年1月20日

目次

イントロダクション
夢

こんな未来がやって来る――。

2027年、なめらかな流線形をした2機の宇宙船、ラプター1号とラプター2号がついに火星にたどり着き、周回軌道に滑り込んでいく。243日間にわたる過酷な宇宙旅行を経たラプター1号が火星に降りていくのを、人類の約半数が地球から見守っている。街中の巨大スクリーンで見ている人たちもいる。地球と火星の軌道が接近するこのとき、映像が地球に届くまでおよそ20分かかる。そのため、地球にいる人々は時空が歪んだような奇妙な感覚を経験する。宇宙船が火星に無事着陸したとしても、中に乗っている4人の宇宙飛行士たちはすでに何らかの事故で死亡している可能性もある。

10年近くものあいだ待ちに待ったこの時が、ついにやって来た。宇宙船は少しずつ火星面へ近づき、その爆風で赤い砂ぼこりを巻き上げている。地球を離れられない視聴者たちが今か今かと待つなか、アナウンサーは数年前の記者会見のことを振り返っている。その会見に世界中が驚き、NASAはうろたえた。NASAが有人火星探査船のテストを行なってからまだ2年しか経っていなかったからだ。その日、独力での火星到達を目指しているその民間企業が明らかにしたのは、人々を火星へ輸送するための巨大ロケットシリーズを建造し始めるということ、そして、10年以内にそのうちの1機か2機を打ち上げて、人類史上初の火星着陸を実現するつもりだということだった。

ラプター1号が火星の赤道付近にある巨大クレーターに着地するあいだにも、乗組員たちはもうすでに先のことを考えている。時間は貴重だ。1号機の着陸が無事に済んだら、2号機も数時間のうちにそれに続く。宇宙飛行士たちの最優先事項は、ベースキャンプとなる住居を展開することである。それは宇宙船で運んで来たたくさんの荷物の中にある。また、いろいろな「建物」を膨らませる必要もある。特殊素材でできたドーム状の圧縮テントが生活空間を増やし、食料を育てる温室にもなるのだ。

地球と火星の環境には似ているところもある。たとえば、火星の地形と同じような場所は地球にもある。南極にあるドライバレーやハワイの火山に見られる砂漠などだ。しかし、火星の環境が生やさしいものでないことは他の多くの点から明らかだろう。火星の1日は地球よりも39分25秒長いだけだが、火星の1年は地球よりもずっと長い687日。だから、季節はそれぞれ2倍の長さになる。火星の軌道は楕円形のため、冬と夏の寒暖差は地球に比べてずっと大きく、南半球では夏の暑さや冬の寒さが地球よりも厳しい。最終的に、火星の開拓者たちは基地を2つ建設することになっている。赤道のすぐ南に夏用、北側には冬用、というわけだ。

しかし、さしあたって、人類で初めて火星の上を歩く者たちが24時間以内に始めなくてはならない最重要課題は、水の探索である。NASAのランダー（着陸船）やオービター（周回衛星）による火星探査から、「レゴリス」と呼ばれる火星の表土には十分な量の水が存在すると予測されている。それが本当かどうか確かめるわけだ。自分たちの飲料水としても、酸素を作るためのストックとしても、水は必要だ。宇宙飛行士たちはそのために、NASAのオービターが見つけた、不純物の混じっていない氷が一面張っているクレーターに着陸したのだ。その輝きが実は氷ではなかったとしたら、氷を含んでいそうなレゴリスを探さなければならない。近くにそうした氷がなければ、地中レーダーによって地下水を探し、ドリルで穴を掘ることになる。

次の宇宙船が到着するのはこの先2年後。その前に、十分な余裕を持って、宇宙飛行士たちはもっと長持ちする建物を造る必要がある。これはレゴリスから作ったレンガで建てることになっている。晴れている今日の気温は10℃と比較的暖かいが、夜になるにつれ急激に下がっていき、南極の荒れた夜のような環境に変わる。赤道付近に着陸することで、夏には21℃に達することもある温和な気候を享受できるわけだが、夜になれば、気温はマイナス73℃まで下がる。その寒さを防ぐと同時に、大気が希薄なせいでほとんど遮《さえぎ》られることのない太陽放射線から身を守るためにも、建物が必要なのだ。

どれもこれもうまくいかなかった場合――良い水源が発見できず、放射線の影響は予想以上に深刻で、片方の宇宙船は着陸時にひどい損傷を受けてしまった、という不幸な結果になったときには、地球に戻るロケットの打ち上げ可能時間をみなで膝を抱えて待つことになる。そうならないかぎりは、彼らは火星に留まる。

故郷から4億キロメートル以上も離れた、生き物の見当たらない惑星に隔絶されてはいるものの、この人類初の火星探査隊は先駆者たちと何ら変わらない。山々をよじ登り、大海に帆を揚げて、新しい生き方を求めた歴史上の偉大な探検家たち――。ただ、彼らと共通するところがあるとはいえ、この宇宙開拓者たちはあらゆる点で他のどの先駆者よりも重要な意義を持つ。彼らが火星にいるということそのものが、人類の英知が果たしたもっとも大きな偉業とも言えるのだ。

ニール・アームストロングが月面に足を踏み下ろすのを見ていた人なら誰でも、その一瞬、全地球が動きを止めたことを知っている。この成果に対する驚嘆と畏敬の念はあまりにも理解を超えたものだった。ハリウッドのセットで撮影されたものだと信じている人もいまだにいるほどだ。宇宙飛行士たちが月面に足を下ろすと、人々はこう言い始めた。「月に行けるなら、何だってできる」。つまり、地球上や地球の近くでならどんなことだって可能だ、という意味だ。火星への到達はそれとはまったく違う意味を持っている。火星に行けるなら、どこにだって行けるのだ。

火星着陸が成し遂げられた暁《あかつき》には、『スター・ウォーズ』や『スター・トレック』のような現実離れしたSF作品も現実的なものに見えてくるだろう。

土星や木星の衛星だって、探査を計画してもよい場所のように思えてくる。その善し悪しはさておき、カリフォルニアのゴールドラッシュにも匹敵する一攫千金《いっかくせんきん》を狙う人たちも現れるだろう。地球の重力の束縛を離れて、想像の許すかぎり遠くにまで人類のビジョンは広がっていくということだ。人類が初めて火星の土を踏む瞬間は、科学上、哲学上、歴史上、そして探検上、今までにない重要な意味を持つことになるだろう。私たち人間はもはや、ひとつの惑星に留まる種族ではなくなるのだ。

この探査隊は壮大な計画のほんの始まりにすぎない。ただ火星に到達する、そこにコロニー（植民地）を建設するというだけでなく、この火星という惑星全体の改造、つまりテラフォーミングまで計画されている。二酸化炭素ばかりの希薄な大気を呼吸可能なレベルの酸素濃度に変える。マイナス63℃しかない平均気温をいくらか我慢できるマイナス7℃くらいにまで上げる。乾いた川床《かわどこ》や空っぽの湖底に再び水を満たす。二酸化炭素過多の火星の温帯でもよく育つような草木を植える。彼らが乗り出そうとしている大仕事は数千年かかっても終わらないかもしれないが、最終的には、人類の第二の故郷となる、もっとも遠いフロンティアのコロニーが生まれるのだ。この新たなコロニーも、かつて存在した多くの辺境植民地と同じく、やがて本国に匹敵するほどの資源と生活水準を誇る、魅力的な移住先になる。

この開拓者たちが始めた大旅行は、ずっと先の未来にまで影響を与えることだろう。ロケット用の宇宙空港を行き来する、宇宙飛行が当たり前の社会が実現する。低重力の惑星からの打ち上げが容易になり、そこから太陽系外縁部への宇宙飛行も可能になるはずだ。

近い将来、火星に着陸するロケットが持つ意義は、未知の世界への第一歩ということだけに留まらない。それは、人類の安全保障策そのものなのだ。現実問題として、地球上で人類が生き続けられなくなる原因はいろいろある。環境破壊を食い止められないかもしれないし、核戦争が勃発《ぼっぱつ》するかもしれない。たったひとつの小惑星と衝突するだけで生命の大半が消滅しうるし、最後には太陽が膨張して地球を飲み込んでしまう。そうなる前に、私たちは宇宙を飛びまわる種へと姿を変え、他の惑星のみならず、最終的には他の恒星系でも生きていけるようにする必要に迫られている。移住に挑む最初の人類は、種としての存続をかけた望みの綱なのである。はじめは小規模だった基地が成長してコロニーを形成し、やがて住民は新たな種に変貌して瞬く間に生息地を広げるかもしれない。彼らを火星へと運んだロケット製造会社はさらに数百機のロケットを建造中で、人類存続のため数十年以内に居住者を5万人にするのが目標だ。地球に残った私たちが滅亡したとしても、彼らが人類の英知と達成とを受け継いでくれるだろう。

実のところ、少なくとも30年前からずっと、火星に到達することは可能だった。アポロ11号による人類初の月面着陸、その10年ほどあとに初の火星着陸、という展開は充分にありえることだった。そのために必要な技術のほとんどは、かなり前から知られていた。私たちがそのチャンスをなかなかものにできなかったというだけなのだ。

その失敗の裏にある事情は知っておいてもいい。あるアメリカ大統領のたったひとつの決定が、その後の宇宙旅行の進展を数十年にもわたって阻害していたこと。それがなければ、地球人の意欲は2世代にわたってかき立てられ、夢を現実にする人類の力が存分に発揮されていたかもしれないこと。約50年前、私たちはすでに、太陽系の中へ、そしてさらにその先へと進出する力を手にしていたのだ。

しかし、今やこうして民間のロケット製造会社が宇宙へ向かう新たな道を開いてくれた。ひょっとしたら探検の欲求は人類のDNAに組み込まれているのかもしれない。ホモ・サピエンスは約6万年前にアフリカから探検の旅に出発して、地球全土にまで繁殖の範囲を広げた。だから探検と人類の存続には何らかのつながりがあるのかもしれない。しかしその「探検」が、すでに人の住んでいた土地を植民地に変え、文化の破壊や資源の収奪の原因となったのもまた事実だ。

火星の開拓は大方の予想よりもずっと早く、無秩序に始まろうとしている。本書の内容の大半は、私たちには火星を開発する能力があるという驚くべき事実を検証するものだが、しかし同時に、本書はそのような将来に対する警鐘でもある。可能性は無限にあるが、陥穽《かんせい》も数えきれない。今こそ考えるべきときなのだ。

第1章

マルス計画

１９２６年、ロバート・ゴダードが打ち上げた世界初の液体燃料ロケットが地上12メートルという「大いなる高み」に達したとき、私たちが火星に着陸する１０１年後のことなど彼にはとうてい想像できなかっただろう。しかし、そこに至る道のりは意外なほどの一本道だった。２０２７年に火星に降り立つ予定の宇宙飛行士たちから過去に向けて線を伸ばしてみると、ある人物にたどり着く。元ナチス親衛隊員、ベルンヘル・フォン・ブラウン。ゴダードの発明に搭載された彼のアイデアが、ロンドンに壊滅的被害をもたらしたことで、フォン・ブラウンのロケット造りの才は誰の目にも明らかになった。彼はヒトラーに世界を脅かす恐ろしい兵器を与えてしまったのだ。ところが、フォン・ブラウンの開発したこの精巧なV2ロケットが北海の対岸へ向けて発射されてからわずか4年後の1948年、当時36歳のこのロケット工学者はテキサス州フォートブリスに住んでいた。ドイツのロケット開発チームとともに「平時捕虜」となっていたのだ。

フォン・ブラウンとその部下たちをドイツから連れ去ったアメリカ陸軍部隊は、彼らが付き添いなしに基地を離れることを許さなかったと言われている。そのためフォン・ブラウンたちの毎日は、弾道ミサイル開発を目論むアメリカ人たちの頭に自らの高度な専門知識をアップロードすることで過ぎていった。しかし、ほとんどは暇な時間だ。そこで世界最先端のロケット開発計画のチーフは、自分がいちばん好きなテーマで本を書くことにした。宇宙開発である。その本は1952年になるまで出版されず、最初はドイツ語で書かれた『ダス・マルスプロイエクト（マルス計画）』しかなかったのだが、1953年になるとイリノイ大学出版会がその英語版『ザ・マーズ・プロジェクト』を発行した。それから今日《こんにち》に至るまで、この91ページの概説書は、これまで世に出た宇宙飛行の手引きの中でいちばんの影響力を持ち続け、時代遅れになることもなく、大部分はいまだに火星到達の指針として役立っている。

フォン・ブラウンがこの本で描き出したビジョンは壮大だ。70人のクルーが乗り込む宇宙船は10機、そのうちの3機は貨物船で、火星に行ったきり戻って来ない。

「単独飛行のロケット、冒険家による少数精鋭部隊という考え方はきっぱりと捨てるべきだと思う」とフォン・ブラウンは述べる。「そうやって単身で周回軌道の外に飛ばされた魔法瓶が、地球の重力を脱して火星へ飛んで行くことはきっとないだろう」

地球の周回軌道上の宇宙ステーションで宇宙船を造るというのが彼の計画だった。建造機械と資材は、完全に再利用可能な3段式ロケット46機を使って打ち上げる。1段目と2段目はパラシュートを使って、3段目は自ら飛行して、地球に戻って来るのだ。このビジョンは、フォン・ブラウンがその計画に関する計算をほぼ終えた年、つまり1948年に生まれたわけだが、アメリカ政府によるスペースシャトル開発や、スペース・エクスプロレーション・テクノロジーズ（スペースX）社による再利用型軌道ロケット（24時間以内に燃料補給と再打ち上げが可能）の製造計画を、その時点で予測していたかのようだ。彼は、1953年当時、10機の宇宙船を建造し燃料を注入するためには950回の往復が必要だと推算していた。

フォン・ブラウンの火星飛行計画は、燃料を節約できる「ホーマン遷移軌道」を採用していた。宇宙船が地球の公転軌道上で瞬間的にエンジンをかけて（これを「燃焼」と言う）加速すると、火星の公転軌道と交わる楕円軌道に乗る。すると宇宙船は、火星に近づくまで燃料を使うことなく慣性で飛んで行ける。火星に接近したら、再び燃焼によって減速し、火星の周回軌道に入る。ターザンが長い蔓草《つるくさ》をつかんで遠く離れた木まで飛び移ってから、短い蔓草を伝って目当ての枝にたどり着くのと少し似ている。このやり方では、火星と地球の軌道が揃うタイミングに打ち上げをぴったり合わせなければならない。

宇宙船を火星に向けて打ち上げるのに最適なタイミングは25カ月ごとにやって来るが、ホーマン遷移軌道を使った慣性飛行のメリットにはコストも伴う。片道8カ月もかかるのだ。約15年ごとに、火星と地球の軌道は両惑星間の距離（つまり飛行時間）が非常に小さくなる位置に揃う。これ以外にも、燃料をなるべく使わずに火星に行くための理論は、今は他にもたくさんある。たとえば、単純にたくさん燃料を燃やせば、飛行経路はホーマン遷移軌道の曲線よりも直線に近くなって、時間も短くて済む。あるいは、純粋に理論上の未実証の試算だが、核融合や原子力発電による推進力を使えば、移動時間を片道90日にまで短縮することも可能だ。

もしフォン・ブラウンの計画が実行されていたら、宇宙飛行士たちは約400日間も火星の調査を強いられることになっていた。ホーマン遷移軌道で帰って来るのに適した位置に地球が入るまで待たなければならなかったからだ。

『マルス計画』が書かれたのは、地球を守っているバンアレン帯（強い電荷を帯びた粒子群で、火星付近には存在しない）による放射線の遮蔽効果や、無重力状態が続くことによる諸影響、太陽放射線の深刻さ（フォン・ブラウンも宇宙線のほうは計算に入れていた）、火星の実際の地形、大気濃度の詳しい推計などを科学者たちが知るずっと前のことだ。それは、最初のオービター——1957年に打ち上げられたスプートニク1号——の登場より10年も早い。本の中で彼は自分が隕石《いんせき》の危険性を考慮に入れていないことを認めているが、無重力状態を心配して、宇宙船同士をケーブルでつなぎ、ヨーヨーのようにぐるぐると回転させて人工的に重力を作り出すという計画を提案している。

NASAの探査機マリナー4号が1965年に火星の側を通り過ぎたとき、2つの衝撃的な情報を転送してきた。まず、火星の大気は専門家が考えていたよりもずっと薄く、ほとんど存在しないということ。そして、何らかの生命体がいる可能性はほとんどないということ。1960年代を生きていた他の多くの地球人と同じく、フォン・ブラウンは火星の地底都市に暮らしている異星人の存在を想像していた。そうした文明を、非現実的でセンチメンタルな小説版『マルス計画』（1949年）の中で描いたことさえある。火星の周回軌道から火星面へ到達するために、彼は小さなスペースプレーン（飛行機のように自力で離着陸する宇宙船）を設計していた。火星の希薄な大気の中では実際には飛べなかっただろうが、そうした予期せぬ障害のことも彼はしっかり考えていた。このミッションにはいざというときのために代わりの戦略がいくつも用意されていたし、スペースプレーンは緊急時に翼を切り離せるようにもなっていたのだ。

フォン・ブラウンはまた、狭い空間に数カ月、数年と閉じ込められる、長期間の飛行が招く心理的な負担についても気を配っていた。彼が作ったシャトル船は、火星への飛行中に物資を船から船へと移すだけでなく、宇宙飛行士たちが船のあいだを移動することにも使えるものだった。彼の計画にもとづいて後に計算したところでは、1人あたり酸素1万2000キロ、旅客船1機あたり食料7940キロ、飲料水1万3200キロが必要になる。各船とも、生活用水や、船内の空気に含まれる水蒸気を再利用できるようになっていた。

『マルス計画』の付属資料の中にひとつ、宇宙飛行に関する面白いデータがある。地球の大きな重力から脱出するために、莫大な量の燃料が必要になるという試算だ。フォン・ブラウンの計画した10機の宇宙船はそれぞれ360トンもの重さになるのだが、そのうちロケット燃料が占めるのは320トン以上。その差はわずかしかない。どの船も地球に帰還する際には、もとの重量の1％強しかないことになる［★1］。

『マルス計画』はたぐいまれな先見の明と技術の才に溢れた人物の手になる著作だったが、不幸なことに、フォン・ブラウンもロバート・ゴダードも同時代のずっと先を行っていた。彼らの業績が広く認められることはなかったし、それを理解しない権威者たちからは冷遇された。ロケットで月まで行けるとゴダードが述べたとき、『ニューヨーク・タイムズ』はそれを第一面で報じたが、同じ日の社説欄では彼のビジョンを冷笑した（それからおよそ50年後、アポロ11号が月に向けて出発した翌日、同紙は訂正記事を出した）。

フォン・ブラウンが火星へ行こうという計画を真面目に提案した1950年代初頭には、きっと彼のビジョンはバカげた夢物語として受け止められたに違いない。科学者や技術者でもそう思っただろう——地球の周回軌道に何百というロケットを送り込み、10機の巨大な惑星間宇宙船を建造して、そこに何万トンもの燃料と酸素と食料を詰め込む？　正気か？

しかし、その計画はアメリカの民衆の心をたしかに捉えた。1954年、雑誌『コリアーズ』は宇宙旅行をテーマにした全8回の連載を組み、フォン・ブラウンが描き出した火星に行く方法を、詳しくそこで紹介した。

もちろん彼以前にも、惑星間航行を真剣に夢見た者は多くいたが、精確に計算し設計図を描いた者は誰一人としていなかった。フォン・ブラウンの提案は、詳しい飛行経路、種々の方程式、本格的な図面、さまざまな計算結果をすべて備えている。1965年には、ロケット打ち上げ日程の算出までしていたのだ。彼の頭脳はシンプルで無駄のないやり方を選んだ。火星への旅

★1—地球帰還時の重さを360−320＝40トンとすると、40÷360＝0.111…で10％強となる。

を夢見ることと、実際にそこへ行くこととの唯一の違いは、本気でそれに取り組むかどうかなのだ。

『マルス計画』の重要性を理解するためには、カール・セーガンが1985年に出版した小説『コンタクト』が参考になるかもしれない。この空想小説では、どの時空にあるのかもわからない、とある異星文明から、そこに行くための宇宙船の詳しい造り方が送信されてくる。1950年代のほとんどの地球人にとって、フォン・ブラウンは宇宙開拓のための詳しい解説書を授けてくれるその異星文明のようなものだったのではないだろうか。『マルス計画』が『コンタクト』と違うのは想像の産物ではないというところだ。

1960年代末ごろ、サターン5型ロケット（サターンV）を主導したことでフォン・ブラウンはすでに各所で賞賛を受けていた。アポロ計画の宇宙飛行士たちを月まで連れて行ったロケットである。名声が高まるにつれ、彼はNASAやアメリカ議会で声を轟《とどろ》かせ、アメリカは次に火星を目指すべきだと主張するようになった。このとき彼が提案したのは、原子力エンジンを搭載した宇宙船を2機送り出すという計画だった。1980年代には実行に移せるだろう、と彼は事あるごとに説いてまわった。

過去にフォン・ブラウンが提案したプランとは異なり、この案はニクソン大統領の執務室にまで届くことになった。アポロの次のプロジェクトが必要だったのだ。しかし彼の火星計画は、スペースシャトルに実現の機会を奪われてしまった。スペースシャトルだったらスパイ衛星の打ち上げや修理に非常に役立つだろうと軍や情報局が考えた、というのがその理由のひとつだ。NASAのやることはすべて公開されていると思われているが、実は、1982年から1992年までの10年間、NASAは機密扱いのシャトル打ち上げを11回も実行している。シャトルの設計の大部分は軍と情報局の要請に応じたものだった。ニクソンはフォン・ブラウンのサターンVの開発中止も決めた。それまでに考えられた中でも最大・最良の重量物運搬ロケットが消えることになり、乗る船を失った惑星間航行は頓挫した。アメリカがスペースシャトルではなく火星到達に取り組んでいたら、今頃はきっと火星に基地を保有していたことだろう。NASAと自分との方向性の違いを知ったフォン・ブラウンは、1972年に職を退いた。

『マルス計画』が書かれてから62年経ったというのに、私たちにとっての火星といえば、いまだにキュリオシティが撮影した一連の写真でしかない。キュリオシティは自動車ほどの大きさのローバー（探査車）なのだが、2012年に着陸してからずっと火星の上を調査し続けている。NASAとニクソンがフォン・ブラウンのアイデアをもっと真剣に受け止めていたら、火星のあちこちを回るキュリオシティの車輪の上には宇宙飛行士が乗っていたかもしれない。

スペースシャトルのせいでアメリカの宇宙開発計画はその後も少しずつしぼんでいった。もちろんアメリカ国民全体がそうだったわけではないが、少なくともNASAは情熱とビジョンを失い、虚無感に覆われていた。他の星へ到達しようという意気込みは、誰の興味も引かない宇宙遊泳に取って代わられた。NASAは時代遅れなロケットの設計に力を注いだが、これは宇宙飛行をほとんど前進させないまま何度も何度も墜落し、ドッキング先の宇宙ステーションが建設されるまでどこにも行く当てを持たなかった。国際宇宙ステーション（ISS）に宇宙飛行士と貨物を運ぶため、というのがかろうじて残された言い訳だったが、宇宙に漂うそんな技術の塊のほうにもほとんど使い道はなかった。

イギリス王室天文官として非常に高い評価を得ているサー・マーティン・リースは、ISSについてあまり良く言わない。「ISSの科学技術に、総コストのほんの一部でも支払うだけの値打ちがあるとは誰も思わないだろう。ISSの主な目的は、有人宇宙飛行計画を続行し、人間が宇宙で生活する方法を研究することだった。しかしこの分野でも、もっとも大きな進展は民間企業の参入によってもたらされた。そうした企業は、ＮＡＳＡやその契約先の企業よりもずっと低いコストで新技術を生み出し、ロケットを開発してくれる」

ＮＡＳＡが長年にわたって足踏みしていたことで（そして契約企業に原価加算方式を許したことで）、ロケット産業参入の壁には大きな穴が開いた。１３５回におよぶシャトル打ち上げは毎回平均10億ドルを超える支出となったが、ＮＡＳＡが行なってきたことを、より良く、より早く、より安くできる誰かがきっといるし、実はその誰かはもうすでに現れている。火星に行くという夢物語を、彼らは現実のものにした。

第2章

民営化する宇宙開発競争

宇宙開発といえばこれまでは政府のやることだと思われていた。政府なら高額の参入コストを賄《まかな》えるからだ。たとえば、ボーイングやロッキード・マーティンの宇宙ビジネスが成功したのも、NASAやアメリカ軍が原価可算方式（需要や競合を問題にせず、原価に利潤を加えて価格を決定する方法）の契約を許したことが大きい。ところが今から30年ほど前、3人の男がハーバード・ビジネススクールで出会い、ロケットや人工衛星から利益を生み出せるのではないかと考えた。彼らが立ち上げたオービタル・サイエンス社は、

3段式有翼ロケットを独自に開発し、それを空飛ぶジェット旅客機にぶら下げた。ロケットの名は「ペガサス」。ジェット機で1200メートル上空まで運べば、ロケットを軌道まで押し上げる補助推力を低コストで得られる。それ以来ペガサスは42回打ち上げられ、そのうち完全な失敗は3回だけという、史上まれに見る好記録を樹立している。オービタル・サイエンスはロケットや人工衛星の設計・製造というニッチを見事に開拓し、通信事業者、政府、NASAといった顧客のために何百という人工衛星や探査機を開発し打ち上げてきた。その中には大陸間弾道ミサイル（ICBM）を転用したロケットもある。近年NASAと契約し、その助言や後押しを得て製造した新型ロケットのアンタレスと宇宙船シグナスは、スペースシャトルを使うよりもはるかに低いコストで国際宇宙ステーションに物資を届けることに成功した。利益を上げ続ける同社は別の宇宙船製造業者と合併し、ニューヨーク株式市場にオービタルATKとして上場している。

オービタル・サイエンスが事業展開に励んでいたちょうどそのころ、マーティン・マリエッタ・マテリアル社の航空宇宙エンジニアだったロバート・ズブリンは、「どうして人類は火星を目指そうとしないんだ?」ともどかしい思いを抱えていた。彼はもう長いこと、人類が火星で生きていくには何が必要かを徹底的に考え続けており、緻密な計算がその議論にいっそうの磨きをかけていた。そしてフォン・ブラウン同様に、必要なものはすべて手元にあると見通し、手頃でシンプルな火星有人探査計画、その名も「マーズ・ダイレクト」を提案した。NASAはこれに好意を示したが、なかなか実行に移さなかった。そのあいだに彼は『The Case for Mars(火星論)』という概説書を執筆し、1998年には自身の考えを広めるべく「火星協会」を設立した。

さらに近年になると、オランダのバス・ランスドルプとアルノ・ウィルデルスの2人が火星への片道飛行を目指すNPO「マーズワン」を立ち上げた。着陸予定は2025年(物資、住居、探査機は事前に送っておくという)。放映権を売って財源に充てる計画だ。ただこの団体は、火星に飛ばすロケットや宇宙船をまだ持っていない。それればかりか、それらを本当に造れるのかどうか検討する契約をロッキード・マーティンと交わしたのさえつい最近になってからのことだ。

それから、デニス・チトーもいる。宇宙に行った最初の民間人で、そのためロシアに20億円もの大金を払ったと報じられている。彼の設立したNPO「インスピレーション・マーズ」は、小さな宇宙船――おそらくスペースXがISSへの有人飛行に向けて開発中の宇宙船クルードラゴン――に1組の夫婦を乗せて2021年に火星へと送り出す計画だが、ずいぶん楽観的だ。このミッションは火星の近くを通過するだけ（フライバイ）なので、この夫婦は1年半ものあいだずっと小さなカプセルの中に閉じ込められることになる。だからこそ、その2人はカップルでなければならない。地球から遠く離れた孤独に耐えるには「ハグし合える相手が必要だから」というのがチトーの言い分だ。

このインスピレーション・マーズが打ち上げを予定しているのは2018年。15年に1度しかやって来ない火星と地球の軌道のめぐり合わせを利用すれば、往復501日間のフライバイが1度のエンジン燃焼で可能になるからだ。あとは火星まで慣性で飛び、その後ろをぐるっと回って（スイングバイ）再び地球へと慣性で戻って来る。こうした離れ業ができるロケットはまだ実用段階にはない（2018年に完成予定のNASAのスペースローンチ・システムなら地球から火星まで宇宙船を飛ばせそうだが、たぶんレンタルさせてはくれないだろう）。チトーによれば、2021年に金星のスイングバイを経て火星のフライバイ軌道に入る代替案もあるという。

アマゾンのジェフ・ベゾス、グーグルの共同創業者ラリー・ペイジ、マイクロソフトの共同創業者ポール・アレン、企業家で冒険家のサー・リチャード・ブランソンらもまた、莫大な資金を投入して、新たに始まった民間の宇宙開発競争に何らかの方法で参入しようとしている。これまでのところ、その様相は開拓時代のアメリカ西部と同じくらい混沌としている。ただし今回のフロンティアは宇宙空間だ。そして、火星に人類を送り出そうという民間の計画は決して少なくないにもかかわらず、目下のところ、NASAが重い腰を上げるよりも早く人類の火星到達を実現してくれそうな企業は、ただひとつしかない。

ベルンヘル・フォン・ブラウンからアポロ11号へとまっすぐ1本の線をたどれるように、宇宙飛行士たちを乗せて2027年に火星に降り立つ宇宙船からはイーロン・マスクのところまで一直線の軌跡が描けるだろう。その火星着陸船には、スペースXのロゴが描いてある可能性がいちばん高い。

マスクは現代の企業家の中でおそらくもっとも先見の明があるように思う。スタンフォード大学の応用物理学の博士課程を退学した7年後、マスクは自身が共同創業者であるペイパル（PayPal）とジップツー（Zip2）の株を売り、3億2400万ドルの純益を手にしたという。その資金は、彼が2002年に創業したスペース・エクスプロレーション・テクノロジーズ（スペースX）社に使われた。続いて彼が共同で設立したテスラモーターズは、自動車産業に革命を起こそうとしている。マスクは熱心な環境保護活動家で、太陽光エネルギーの推進者だ。テスラの車は、本当に太陽光で走る。2013年には、真空チューブを利用した独自の高速交通システム「ハイパーループ」を提案し、それをパブリックドメインで公開している。ロサンゼルスとサンフランシスコをハイパーループで結べば、移動時間が30分にまで短縮できる。

マスクがスペースXを設立したちょうどその頃、NASAの重要性はだんだん失われつつあるようだった。フォン・ブラウンと同じくマスクも移民だが、彼の場合は南アフリカ生まれ、カナダ育ち。フォン・ブラウンと同じくマスクも完璧主義者で、自分のビジョンに自信を持ち、それを実現する固い決心を備えていた。そしてやはりフォン・ブラウンと同じく、「人類は火星に行かなければならない」というマスクの発言がどれほど真剣なものか、それを理解している人は誰もいないようだ。忠告にも反対にも耳を貸さず、彼は不可能を可能にしてのけた。スペースXの経営に必要な資金を調達し、最初の3機のロケットが爆発してしまったときにも倒産させずに持ちこたえ、たゆまぬ前進を続けた。その途中で、彼は真に革命的な答えに到達した——火星に行くのにNASAは必要ない。

マスクが民間でロケット会社を始めた理由はひとつしかない。「スペースXを始めた目的は、ロケットの技術開発を進めること。すべては火星に自給自足の恒久的な基地を建設するためなのです」と彼は2014年5月に発言している。ここで少し立ち止まってマスクの会社の名を見返してみよう。スペース・エクスプロレーション・テクノロジーズ——「エクスプロレーション(探検)」という単語に注目してほしい。先人フォン・ブラウンと同じく、マスクは宇宙飛行が当たり前になった人間社会の実現に心奪われているのだ。彼はそのうち地球に住み続けられなくなることをはっきりと認識している。人類が自らの住処《すみか》である地球に対して無関心すぎると、ずいぶん不満を感じているようだ。地球にいるままでは人類は絶滅するという端的な事実から、彼は決して目を逸らさない。

イーロン・マスクがロケットビジネスに乗り出したのは、良いタイミングだった。ロケット技術は、ニール・アームストロングが月面を踏んだ1969年から、マスクがスペースXを始めた2002年まで、ほとんど前進しなかった。それどころか、マスクによれば、アポロ計画以降の宇宙飛行技術は「後退している」らしい。「かつては月に行けたのに、今はもう行けません。前進どころか、遠回りもできていない。今やアメリカは人を地球の周回軌道に送ることさえできないのです」と彼は言う。

1966年、NASAの予算はアメリカの全国家予算の4%以上を占めていた。それが今日では0・5%ほど。マスクが宇宙ビジネスの世界に登場してから、事態は光の速さで進んだ。人類を十数年のうちに火星へと送り出し、移住者が次の1000年間をそこで暮らせるようにするための技術的課題は解決に向かっている。いつになったらNASAが目を覚まして火星という現実を直視するようになるのか、確かなことは誰にもわからない。しかし、2012年5月、スペースX初となる宇宙船ドラゴンが国際宇宙ステーションに見事に到着した瞬間に明らかになったのは、NASAにできることは民間企業にもできそうだ――もしかしたら、もっとうまくやれるかもしれない、ということなのだ。

第3章

ロケットは楽じゃない

今から少し前、自社のロケットが発射直後に爆発してしまったイーロン・マスクは、乾いたユーモアを込めてこうツイートした。「ロケットは楽じゃない」。まさにそのとおり。探査機を火星に送り込もうという試みの、実に3分の2近くが失敗の憂《う》き目を見ているのだ。

50年前、月に到達したときはけっこう簡単そうだったのに、火星に行くのにはどうしてこんなに手間取っているのだろう。素朴に考えると不思議かもしれないが、距離が問題なのだ。スケールが桁違い。地球から月までの距離は、月の軌道上の位置によって変わるが、約36万~40万キロメートルである。他方、火星までの距離は最大でその1000倍にもなる。2003年、火星と地球との距離がここ6万年間で最短になったときには、5500万キロメートルしか離れていなかったが、地球の公転周期は365日、火星のそれは地球の687日に当たるので、2つの惑星はだんだん遠く離れていき、そのうち太陽を挟んで正反対の位置にまで来てしまう。こうして遠く離れてみると、火星と地球は本当に遠い。その距離、なんと4億キロメートル。このように、火星と地球の距離は、最短で月と地球の距離の150倍、最長で1000倍にもなる。

別の言い方をしてみよう。人類は6日で月まで行って帰って来られる(サターンVのブースターをもってすれば1日で行けるのだが、それでは到着時のスピードが速すぎて、月の微弱な重力に引っかかることなく側を通り過ぎてしまう)。一方、フォン・ブラウンが『マルス計画』で提案したホーマン遷移軌道を使い、アポロの宇宙飛行士たちが月に行ったときよりもはるかに高速で飛んだとしても、火星に着くには月までの約1000倍の距離を飛ばなくてはならない。火星までまっすぐ飛んで行くのに必要になる莫大な燃料を積み込むことなど、端的に不可能だからだ。無尽蔵の安価なエネルギーを手に入れないかぎり、私たちは太陽系内の天体の通り道から逃れることはできない。したがって、航路はどうしても曲がってしまう。今後20年間、どんな近道を使っても、火星まで往復する時間が片道250日を大幅に下回る見込みはない。スペースXがもっとパワフルで燃費の良いロケットを建設中なので、それによって所要時間が格段に減るかもしれないけれども。

火星の近くを通過することだけが目標だった初期の単純なミッションでさえ、悲惨な結果は珍しくなかった。それよりもずっと難しいオービター（周回衛星）の軌道投入、また特にランダー（着陸船）の着地は、人類の宇宙開発技術の「未熟さ」を感じさせるものだった。

ソビエト連邦は火星開発初期の度重なる惨劇に負けたと言えるだろう。史上初めて火星面に到達した地球の物体はソ連の着陸船マルス2号だったが、1971年11月、火星に着陸すると同時にバラバラになってしまった。マルス2号に先行して打ち上げられたコスモス419号は、地球の軌道を脱出できず、火星まで行けなかった。翌月、マルス3号は無事に着陸はしたものの、20秒後には信号が途絶えてしまう。マルス4号は誘導システムの故障で火星の脇を止まることなく通り抜けてしまった。マルス5号はソ連の探査船の中ではいちばんうまくいった。1974年2月に火星の周回軌道に入り、22周するあいだに約60枚の写真を地球に送信してから力尽きたのだ。マルス6号は1974年3月に火星に到達したが、発射されたランダーは火星面に衝突してしまった。ランダーは完全に沈黙するまでの約4分間、大気データを送信してきたものの、集積回路の故障のためデータの読み取りはほぼ不可能だった。マルス7号も1974年に火星の周回軌道に入ったが、ランダーの発射が4

時間ほど早すぎたために火星には届かなかった。ソ連が行なった初期の火星探査ミッションの失敗は他にもあり、そして、これ以降にもある。1996年、ロシア宇宙局はオービター・ランダーのマルス96を打ち上げたが、それも地球の重力圏を脱出できずに太平洋上でバラバラになってしまった。それ以来、ロシアはこのジンクスを破ろうという気概を大幅に失ったようだ。

探査機の火星着陸を阻害する大きな要因のひとつは、地球からの通信が火星に届くまでの時間にある。お互いがもっとも離れた位置にあるとき、無線信号が地球から火星に伝わるのに21分、応答の信号が地球に戻って来るのにさらに21分かかる。緊急事態になっても地球に助けを求めている暇はないので、適切な対応を決定するために無人機には人工知能を搭載しておかなければならない。

しかし、こうした初期のランダー・ミッションの失敗の歴史は、NASAの大成功によってすっかり忘却の彼方に消え去った。スピリットとオポチュニティ、両機の火星着陸がうまくいったのだ。近年だと、世間の関心は火星探査車キュリオシティの成功に集中している。オポチュニティが10年以上経った今でも火星探査を続けている一方、キュリオシティは2014年に1火星年（地球の2年弱に相当）の探査を終えたばかりで、長いミッションのとば口にいる。それでも、この2台が探査した距離はそれほどたいしたものではない。オポチュニティは2004年から42キロしか走行していないし、キュリオシティは3年近くかけて10キロにも達していないのだ。

過去の失敗はあるものの、NASAのキュリオシティの成功によって、比較的重い物体でも火星面まで輸送できることが証明された。つまり有人機だけでなく、貨物機や補給機の打ち上げも現実味を帯びてきたわけだ。キュリオシティのような大きな荷物の代わりに人を乗せたとしても、規模や、補給機の打ち上げ頻度、必要な酸素の量が少し増えるだけだ。スペースX社は宇宙船ドラゴンを改良し、7人の宇宙飛行士が乗り込めるようにした。早ければ2016年には国際宇宙ステーションへ飛んで行く予定だが、マスクによれば「初の有人飛行は、現実的には2017年になると予想される」そうだ（2018年3月現在、この改良型宇宙船クルードラゴンの有人テスト飛行は2018年12月に予定されている）。彼はこんな冗談を言ったことがある。「国際宇宙ステーションへ物資の補給に向かうドラゴンに、宇宙飛行士がこっそり乗って密航したとしても死ぬことはない。ちゃんと与圧されている（気圧が一定に保たれている）ところがあるからね」。ドラゴンはその始めから、物資ではなく人間を乗せられるように設計されていたわけだ。

スペースシャトル不在の今日では、宇宙ステーションまで宇宙飛行士を輸送して帰って来られるのはロシアの宇宙船ソユーズだけだ。1966年以来、打ち上げに使われているソユーズロケットとともに、ソユーズは史上もっとも信頼性の高い宇宙船として知られている。映画『ゼロ・グラビティ』で有名になったように、国際宇宙ステーションには常にソユーズが最低1機、緊急時の帰還船として結合されている。ロシアが国際宇宙ステーションに宇宙飛行士を輸送する際に取っている料金は5000万ドル以上。スペースXはそのビジネスを狙っているのだ。

2014年の末に、NASAはデルタⅣロケットを使って新型宇宙船オリオンを打ち上げた。その高度は地上約5800キロメートル。オリオンは、国際宇宙ステーションまでなら6人、月かそれよりも遠いところまでなら4人の宇宙飛行士を運べるように設計されている。オリオンのために特別に設計された、さらに強力なロケットの運用が2018年には始まる見込みだ。けれどこの宇宙船はアポロによく似ていて、月探査船の次世代型にすぎないのではないかという印象を与える。オリオンはアポロを大きくしただけで、それ以外どこに設計の違いがあるのか自分にはわからない――。イーロン・マスクがそう指摘する一方で、専門家は、実績のある設計手法がリスクを軽減するのだと言ってオリオンを擁護している。

オリオンは2020年代の月探査と小惑星ランデブー（小惑星に接近し、速度を合わせて同じ軌道を飛ぶこと）のために設計された。もともとNASAは、つい最近まで火星の有人探査計画には慎重な見方を示していた。今でこそオリオンの最終目的地として火星をぼんやりと視野に入れてはいるが、2030年代の火星ミッションの可能性に言及しているだけで、タイムテーブルはほとんど白紙のままだ。月に基地を建設していろいろ研究するのが先で、火星にチャレンジするのはそのあとでいいという姿勢をNASAはずっと崩していないのだ。オリオンの開発スピードから考えると、マスクや、もしかしたら他のロケット会社のほうがNASAよりもずっと早く火星に到達できそうな位置に付けている。

いずれにしろ、スペースXのドラゴンとNASAのオリオン、人類の火星到達を実現するかもしれないこの2つの宇宙船がそれぞれ開発された結果、『マルス計画』出版以降なんとなく感じられていた根本的な問いは書き換えられることになった。以前の問いはこうだ。「人類は火星に行けるのか?」――答えはイエスである。新しい問いはこうだ。「人類は火星で生きられるのか?」――この答えもイエスである。もっとも、イーロン・マスクが言うように、それもまた「楽じゃない」かもしれないが。

第4章

疑問にお答えします

人類が火星に到達するまであと20年弱。けれど、そんなことが本当に可能なのかと疑念を抱いている人は今でも多い。宇宙ビジネスの関係者たちは、月に行って訓練基地を造るのが先だと言う。あるいは、火星を人間が住める星にするなんて難しすぎて手に負えないと言う。実際、火星到達まではいくつもの障害が立ちはだかっている。

だからここで少し立ち止まって、よくある疑問を見直してみよう。

——少人数で狭い場所に閉じ込められ、9カ月も大きなストレスにさらされたら、殺し合いになってしまわないでしょうか？

この質問には別の質問で答えよう。第二次世界大戦時のディーゼル・エレクトリック潜水艦内の生活が答えになっていないだろうか？　さらに言えば、人間心理の研究は著しく進展しているので、火星ミッションに適した人材を選ぶのはもはや難しいことではない。飛行機のパイロットや海軍の特殊部隊員などにふさわしい、ストレス耐性、判断力、知性のすべてを備えた人物を見つけるのは、すでに人類の得意技だ。宇宙システム研究者のアンゲロ・フエルムーレンは、宇宙飛行士のチームを率いて4カ月にわたりハワイ島で火星活動訓練を行ない、こう述べた。「乗組員の選抜がすべてです。能力に加えてウマが合うかどうかも考慮に入れなければなりません。問題が起きそうなら、1週間一緒にしておいて何か難しいことをやらせてみればすぐにわかります。問題が起きる組み合わせの場合には、実際に何らかの問題が出てきますから。長期間のミッションで揉め事が一度も起こらないことを保証はできません。しかし少なくとも、楽しく一緒に働けて、何か問題があってもすぐに団結できる人たちをまずは選ばなければならないのです」

――火星到達のために50億ドル、小規模基地を建設するために300億ドルという莫大なコストを負担しようという人などいるのでしょうか？

イーロン・マスクは口先だけでなく身銭を切ってこの問いに答えている。火星ロケットが飛ぶようになるまでスペースXは株式を公開しないと宣言したのだ。そのロケットは、スペースXの次世代型ロケット「ファルコンヘビー」よりずっと大型になる見込みだ。ファルコンヘビーは2015年の末から2016年初頭の打ち上げ予定で（2018年2月に打ち上げ成功）、27台のエンジンを搭載し、1段目の推力は現行のスペースXロケット「ファルコン9」の3倍にもなる。言い換えるとマスクは、火星到達が確実なものになるまで、自分の会社を利潤追求に走る株主たちの好きにはさせないということだ。彼は最初の打ち上げに大金がかかることは認めつつも、それ以降のミッションの費用の大部分はそこに行く人自身が支払うことになると考えているようだ。フォン・ブラウンの言うとおり、火星に行くための費用は「年間国防費に比べればごく一部にすぎない」のだから。

――成功率95%くらいまで、ミッションを安全にできますか?

映画監督で探検家のジェームズ・キャメロンに聞いてみてほしい。彼は最近、世界で初めてマリアナ海溝への単独有人潜航を果たした。故障の危険性がある機器でも、あらかじめわかっている問題を設計者がすべて念入りに潰しておけば、避けようのない予期せぬ事態も対処可能なものになる、と彼は述べている。

——ずっと無重力状態にいたら、体がバラバラになりませんか？

解決すべき問題はいまだ多いが、火星に行く途中、宇宙船同士をつないで回転させることで人工重力を得る、というフォン・ブラウンの案はうまくいくかもしれない。車輪の形にした宇宙船を回転させて重力を生み出すことだってできそうだ。しかしここで思い出してほしい。火星への往路にかかる時間は、宇宙飛行士がふつう国際宇宙ステーションで過ごす時間より、たった2カ月長いだけだ。2015〜2016年にかけて、アメリカのスコット・ケリー大佐とロシアのミハイル・コルニエンコは国際宇宙ステーションに1年間長期滞在する予定だが（これは実際に行なわれた）、このミッションから無重力状態が人体に及ぼす長期的影響がわかるはずだ。一般的に言えば、火星の重力は地球の重力の3分の1強だが、人類の生存にはぎりぎり十分ではないかと専門家は予測している。さらに近年の研究によれば、多くの種は従来の想定よりもずいぶん早く新しい環境に対応して進化を遂げるらしい。火星に生きる人々は数十世代のうちに低重力に適応してしまうかもしれない。

――宇宙飛行士が病気になったらどうするのでしょうか?

高山に登り大海を巡る探検家たちのあいだではとっくの昔から知られているように、救急救命の訓練を受けた人間を一緒に連れて行けるなら何も言うことはない。しかしそこまでしなくても、単身で地球一周を試みる船乗りたちを見れば、医療用品を十分に備え、適切な訓練を受けていれば、たいていの問題は簡単に解決できることがわかる。それでも、宇宙飛行と航海は別物である以上、病気で死んでしまう宇宙飛行士がいてもおかしくはない。

――放射線の影響はどうするのですか?

これは依然として大きな問題だ。太陽からの放射線でもっとも危険なものは、太陽フレアと、それに関連して起こるコロナ質量放出に由来する。太陽放射線や宇宙放射線を除去する技術はまだないが、太陽フレアなどから身を守る、特別な防護壁を備えた一時避難所を宇宙船内に設置することは可能だ。放射線の嵐が過ぎるまで避難するよう呼びかける警報装置も作れるだろう。イーロン・マスクは宇宙船を水で遮蔽するという案を出している。他にも、放射線を逸らしたり吸収したりする手法があることにはあるが、火星へ行こうとする宇宙飛行士は、地球で許されている被曝《ひばく》限度をはるかに超える量の放射線を浴びることになる。NASA当局は有人火星探査がガイドラインに違反することなく行なえるように、宇宙飛行士の被曝上限の引き上げを検討している。火星では大気による放射線の遮蔽は限定的で、放射線を防ぐ磁気圏(バンアレン帯)もない。そこで生活する人はほとんどの時間を防護壁の中や地下空間で過ごすことになるだろう。

火星到達を目指して宇宙船の開発が進むにつれ、重要な問題が今後もいろいろと出てくると思う。その都度、答えをまた新たに探さなければならない。

第5章

火星の経済学

安価に火星まで行けなければ、そこで生きていくことは誰にもできない。注目すべきは、イーロン・マスクもそれを認識しているということだ。火星移住の結果が全体として成功と言えるかどうかは、基本的なコストの問題の解決にかかっている。空気がないとか、放射線が危険だとか、水が手に入るかといった環境の難しさは、それに比べれば問題ではないと彼は考えているのだ。

2012年の終わりごろ、マスクはロンドンのイギリス王立航空協会でロケット工学について講演した。中心となったのはロケット再利用の話だ。フォン・ブラウンが1952年に提案したように、ロケットを再利用できれば、宇宙飛行の経済性は劇的に変わる。もっとも、それが可能になったからといって人類の火星移住の成功が保証されるわけではないが。

ファルコン9型ロケットの打ち上げにかかる費用は約6000億ドルだが、そのうち燃料が占める割合はたったの0・3%にすぎない。そう指摘するマスクは次のように言う。「ですから、1機のファルコン9を何千回も使い回すことができれば、支出は打ち上げ1回につき600億ドルから6万ドルにまで減るのです。言うまでもありませんが、これはものすごい違いです」。ファルコン9はそれほど大きくはなく、それに乗って火星に行くのは1人でも難しい。しかし、この話のポイントは、ロケットの再利用に代表されるような大幅なコスト削減策のことだ。火星で自給自足的な経済圏を築くのに必要になる巨大ロケットの場合には、削減の影響は何倍にもなる。

再利用ができなければ、「その費用を捻出することはまったく不可能でしょう。これは、毎年GDPの0・5%を支払うのか、その全部を支払うのかという違いなのです」。さらにマスクはこう付け加えた。「ほとんどの方が同意してくださると思いますが、自分が行くつもりはなくても、GDPの4分の1から半分程度の費用ならば、他の惑星に自給自足的な経済圏を築いておくことには意味があると考えられます。人類が集団で加入する一種の終身生命保険だと思えば、無理のない保険料ではないでしょうか。しかも、見ているだけでもわくわくするような冒険つきです。人類が月に行ったときのことを思い出してみてください。実際に月まで行った人はごくわずかですが、ある意味で私たちはみんなでそこに行ったようなものなのです。ちょうどそれと同じです。これについて、大多数の人はすばらしいと言うのではないでしょうか。20世紀に起きたすばらしい出来事を振り返ってみると、1位か2位くらいにはなるはずです。ですから、みなが行けるわけではないにせよ、火星に行くことには意味があると私は思います」

講演後の質疑応答でのマスクの話しぶりは、発展途上のロケット会社の代表というよりは、成功を収めた航空会社のCEOのようだった。一般の手の届くところまで価格を下げられれば、かなりの人が宇宙旅行をするようになる。そうなれば、スペースXは宇宙航空券を片道50万ドルで売ることで利益を上げられるだろう、とマスクは答えていた。最近では、「うまくいけば50万ドルより安くできる可能性もあるが、まあそのくらいにはなるだろう」とも発言している。

マスクが描く典型的な火星移住者のイメージは、50万ドル相当の中流住宅を所有する40代の男女、というものだ。そういう人なら、仕事にうんざりして財産をすべて売り払い、火星行きのチケットをスペースXから買っても、ちょっとしたビジネスをするのに十分な資金が手元に残るかもしれない。

質疑応答の際、マスクはこう話した。

火星に基地を造るには、つまり、火星生活の基盤を整えるには、どうしてもある程度のお金をかけなければいけません。火星基地の「始動コスト」というわけです。これはイギリスの植民地でもそうで、植民を始めるにあたっては相当の出費が必要でした。誰もジェームズタウン（イギリスが北アメリカに築いた最初の植民地）の開拓に関わりたくはありませんよね。良いところとは言えませんでしたから。かなり努力して基本的な生活インフラを整えないと、その後の経済活動はできないのです。だからこその出資であり、そのためにお金を集めなければいけないわけですが、ひとたび定期便が運行するようになれば、そのときには50万ドルくらいの価格帯まで火星移住の費用を下げる必要があります。というのは、それくらいならチケットを買ってもいい、地球の家財を売り払って火星に移住しよう、と思う人は十分にいて、ビジネスとして成り立つと考えられるからです。それほど多くの人は必要ありません。地球には現在70億人が暮らしており、21世紀の終わりには80億人にまで達する見込みです。しかも、世界は全体として見れば豊かになっています。ですから私の考えでは、1万人に1人が火星に行くことにすれば十分です。10万人に1人でもいいでしょう。

マスクの見積もりの最低値、10万人に1人の火星開拓志願者という数字から考えると、8万人規模のコロニーが火星に出現するかもしれない。地球のちょっとした都市くらいの大きさだ。かなり楽観的だと思われるかもしれないが、参加者からの質問に答えてマスクはこう言っている。「未来予測はいつだって難しいものです。航空産業の黎明期《れいめいき》に市場予測を問われたとしたらどうでしょう。その読みは大幅に外れ、おそらく過小評価になってしまうのではないでしょうか。飛行機の時代が始まったときにもっとも楽観的だった人々でさえ、今日から見ればおそらく悲観的に見えるでしょう」

それどころか、マスクの頭の中には8万人をはるかに超える人々が暮らす火星都市という将来像がある。彼は1回の宇宙飛行で8万人を火星に連れて行こうとしているのだ。「私たちが設計しているシステムは、限られた少数の人々が移住するためのものではありません」。インタビューでマスクはそう私に答えた。「私たちが設計しているのは、火星入植輸送システムです。実現すれば、自給自足のコロニーを火星に建設できる能力を手中にします。これは非常に大規模なシステムです。バージョン1は2030年までの完成を目指したいと思っています。2030〜2050年のあいだに、地球と火星は10回接近します。これはつまり、その20年間で40万〜50万の人々が火星に行くかもしれないということです」

マスクが提案する輸送システム「マーズコロナイザー」は2段式ロケットになるという。「まずはブースター部分があります。これは地球の重力圏から出るためのもの。その次が宇宙船本体です。ロケットの2段目と宇宙船を合体させたものです。ファルコン9の場合、2段目と宇宙船は分かれていますが、このマーズコロナイザーではそれを合体させるわけです。地球周回軌道に向かってブースターで途中まで飛ばせば、そこから先は2段目がやってくれます。（周回軌道には）タンカー船がいるので、そこで推進燃料を補塡《ほてん》します」

地球の周回軌道上に大量のマーズコロナイザーが集合することになる。マスクが呼ぶところの「宇宙船団（fleet）」だ。「コロニーを作りたいなら、一度にたくさんの船を送り込まないといけません。送り出すのに最適なタイミングは2年ごとにありますから、全船団を1日か2日のあいだに出発させられればいいのです」

最初に火星へ飛んで行く宇宙船は1機か2機だけだ、とマスクは言う。「ですが、最終的には数百数千の船団になるでしょう。数百万人規模のコロニーを得るためにはそうしなければなりません。つまり、2年ごとに8万人がいっぺんに火星へ行くということです」

マスクにとっては、イギリスによる「新世界」の植民地化と火星入植との類似点が、いまだに強い印象を残しているようだ。「ちょうどアメリカと一緒です。初めてアメリカに渡ったイングランド船は何艘《そう》だったでしょう。たったの1艘です。そこから早送りして200年後を見てみると、イングランドからアメリカへ渡る船は何艘になったでしょう。数千艘です。きっと同じようなことになります。新世界には希望があった。そこが火星だったとしても同じことです」

マスクの考えでは、最終的には数百万に上る人々が火星行きを望むようになる。マーズワンなどの火星移住プロジェクトに申し込む人の数から見て、実際のところ彼は正しいのかもしれない。しかし、マスク自身は進んで旗振り役をするつもりはないという。「私がどうしたいかではなく、人がどうしたいと思うようになるかという話ですからね。私には、人々が何を望むようになるかとか、世界が今後どうなってしまうのかとか、そのときスペースXがどうなっているのかとか、そういうことはわからないのです」。と言いつつも、マスクはこう付け加える。人々が火星に行きたいと望むのであれば、「私たちが設計中のシステムがそれを可能にしてくれます。うまくいけば2050年には数万人がランデブー飛行で並んで火星に行くことになるでしょう」。

しかしここで少し話を巻き戻してみよう。こうした開拓者たちが火星に向かう前に、最初の探検を誰かがしなければならないのだ。

マスク以外の、他のさまざまな火星探査計画によれば、火星に着陸し短期滞在する前に2つのことができていなければならない。適切な着陸地点および滞在場所を探し当てることと、大量の物資を前もって地球から送っておくことだ。理想的には、有人探査に先立つ補給ミッションで、ロボットを使って住居施設を建設・維持しておくことが望ましい。

マーズワンの計画ではそのようなシステムが提案されている。ローバーを使って、宇宙飛行士に先立って運ばれて来た部材から住居を造るのだ。資材をきちんと着陸させ、それを組み立てる機械やロボットを用意し、資材をあちこち運搬し、宇宙船や付属の膨張式設備を作り直す。必要な技術は多岐にわたるが、決して無茶な試みではないだろう。しかし、マーズワンが目標とする２０２５年までにこれらすべてを達成できる見込みはほとんどない。

マーズワンの計画はスペースＸのクルードラゴン・カプセルを当てにしているようだが、これは、宇宙飛行士を乗せた地球・宇宙ステーション間の往復運行を２０１７年に開始することになっている宇宙船である（この計画は未実現。同機は２０１８年12月に有人テスト飛行の予定）。また、スペースＸのファルコンヘビー・ロケットのことも当てにしているらしいが、こちらは、数年前から開発が続いているスペースＸの標準ロケット、ファルコン９を母体として設計された多段式ロケットだ。本体となるファルコン９に、ファルコン

9の1段目が2本取り付けられており、設計上、ファルコン9の4倍の重量を地球周回軌道まで運べる。推力は2000万ニュートンで、地球でもっともパワフルなロケットということになる（もっとも、搭載能力はフォン・ブラウンが開発したサターンVの半分しかない。サターンVはアポロ宇宙船を月まで打ち上げたロケット）。スペースXは数年前からファルコンヘビーの打ち上げ契約を交わし始めているが、試験機の打ち上げは遅延している。2011年に始まったNASAのレッドドラゴン構想では、低コストの火星掘削ミッションを実現するために、ファルコンヘビー・ロケットとドラゴン宇宙船を使うことになっている。ただ、このミッションはいまだに達成されていない。

マーズワンのウェブサイトに公開されているスケジュールによれば、2022年に火星へ物資を輸送、その後2024年から2年ごとに人を送り込む予定になっている。サイトのトップページには、ドラゴン宇宙船のようなカプセル船が6機、互いにチューブでつながった状態で火星面に整然と並んでいる画像が表示される。これは、基本的には、火星移住に心血を注ぐロバート・ズブリン（火星協会の設立者）のような人たちが長年にわたり進めてきた方針と変わらない。この計画はスペースXから協力が得られることを大前提にしており、マーズワンのサイトによれば、同社はスペースXを「訪問」し、前向きな返事を受け取ったという。しかし、マーズワンとスペースXはまだ契約を交わしてはいないし、マスクのほうはファルコンヘビー・ロケットが火星飛行に使えるかどうかは疑わしいと考えている。マスクのマーズコロナイザー・ロケットは、「ファルコンヘビーの3倍、サターンVの2倍の推力を持つことになる」という。同時に、ドラゴン宇宙船にもファルコンヘビー・ロケットにも優先すべき顧客はおそらくたくさんいるのだから、マーズワンは遅れを取ることになるかもしれない。2014年の中頃までに、マーズワンが集めた寄付金は約60万ドルだが、これは、普通のファルコン9ロケットでドラゴン宇宙船を地球低軌道まで打ち上げるのにかかる費用の1％にも満たない。マーズワンは宇宙飛行士の仕事に応募してきた人たちから手数料を取り、数百万ドルを集めようとしているし、火星旅行がこれまでになく人気のリアリティショーになりうる可能性を見越して、放映権の販売を目指してもいる。しかし、マーズワンのCEOバス・ランスドルプが最初の飛行に必要だとしている60億ドルが集まるまでには、まだまだ時間がかかりそうだ。

これまでのところ、マーズワンの面々は、必要な財源をまだ手にしていないのに火星移住を夢見ている楽観的な人たち、という感じがする。他の団体も似たり寄ったりで、具体性に欠ける提案しかしていない。

イーロン・マスクはそれとは対照的だ。詳細な計画を明かしていないのは同じだが、「スペースXが火星に人類を連れて行く」という彼の発言や、数百万もの人々が火星で暮らすようになるという彼の未来像は（他と比べてちょっとぶっ飛んだ火星暮らしだが）、十分に信じられる。それは何より、彼が以前にも不可能を可能にした実績があるからだ。そもそも、彼が創設したテスラモーターズは、110年の歴史を持つ自動車産業を根本的に変えてしまった会社なのである。電気自動車が走る世界なんて少なくともあと50年はやって来ない――そう言って創業期のテスラを笑う人はたくさんいた。しかしモデルSが売り出されたわずか2年後には、推計7万台の電気自動車が路上を走り回り、テスラ車に乗って全米の東西南北を簡単に行き来することが可能になった。174カ所（テスラモーターズによる）のテスラ充電スタンドに入れれば、無料で「燃料」を補給できる。家にソーラーパネルを取り付ければ、太陽光で走ることもできる。各地のショッピングモールや駐車場では電気自動車用の充電スタンドが増えてきていて、無料のものも多い。テスラ車の人気は衰えを見せず、マスクは2020年には50万台を生産しようとしている。フォード、トヨタ、ゼネラルモーターズといった既存の自動車会社は遅れを取り戻そうと躍起になっているが、他社に追いつかれないうちに、テスラは廉価な一般向け電気自動車を投入する予定だ。10年もすれば、内燃エンジンを使ったガソリン車やディーゼル車は、得られる動力よりも排熱のほうが多いという、不可思議な過去の遺物となることだろう（実はすでにそうなのだが）。マスクは今、スペースXで同じことを再現しようとしている。宇宙に行く方法を根本から変えようとしているのだ。

マスクの型破りな計画と、オリオン宇宙船を使ったNASAの有人火星探査が発表されたことを受けて、火星に対する影響力を確保しようと世界中の宇宙開発国が競争を始めた。2016年には欧州宇宙機関（ESA）がロシア連邦宇宙局（ロスコスモス）と協力し火星探査機を打ち上げる（2016年10月に打ち上げ成功。ただしこれはESA初の火星ミッションではない。ESAは2003年に探査機マーズ・エクスプレスを打ち上げている）。この探査機は火星大気中の1％にも満たない微量気体を計測する。2018年に、両機関は火星面にローバーを1台着陸させる計画だ。ロシアはまた、NASAのロケット、スペースローンチ・システムに対抗する巨大ロケットを建造しようと議論を進めており、これは２０３０年ごろに有人火星ミッションに使われるかもしれない。一方で中国はといえば、月へ送ったのと同様のローバーを２０２０年ごろに火星へ送り込む計画を発表している。

第6章

火星で生きる

水のジレンマ

人類が地球で生きるために必要なものは4つある。食料、水、住居、衣服だ。一方、人類が火星で生きるために必要なものは5つある。食料、水、住居、衣服、そして酸素だ。この5つの必需品をうまく入手できれば、人類が惑星間を行き来して暮らす未来は確実なものになる。

人は酸欠が4分続くと脳に損傷を受け、15分を超えれば死に至ると考えられている。しかし、もちろん火星に酸素はないので自力で作らなくてはならない。酸素は水があれば作れるから、火星に水があれば、そこから酸素を得る方法はいろいろある（簡単なのは、水に電流を流して作る電気分解法だ）。したがって、人類が火星で生きていくのに欠かせないもっとも重要な要素は水だということになる。それは第一に、水は地球からはるばる持って行くには重すぎるからだ。火星には水があると考えられてはいるが、それが実際にはなかったら、火星で生きていくのは不可能だ。

もう何年も前、火星探査機も着陸船もその多くがまだ構想段階だったころ、NASAはある重大な決断を下した――「水を探せ」。その目的は火星を開拓することではなく、地球外生命体の探索を進めることだった。水がなければ命もない。しかし、今となっては少し皮肉な話だが、執拗な調査を通して

NASAが知ろうとしていたのは火星に生命が存在するかどうかだったのに、結果としてわかったのは、火星に生命は存在しうる、したがって人類も火星で生きていける、ということだった。

キュリオシティ、マーズ・リコネサンス・オービター、マーズ・オデッセイ、マーズ・エクスプレス、さらには70年代に打ち上げられたバイキング1号と2号に至るまで、さまざまな宇宙船が集めた情報が、火星に実際に水が存在するという証拠となってきた。しかし、火星には水が凍った状態で存在すること、レゴリスと呼ばれる火星の土壌にそうした水がいくらでも見つかることが確実になったのは、2008年に探査機フェニックスが火星の北極にある氷冠《ひょうかん》に着陸したときだった。

火星の表面積は地球の28%ほどしかないが、陸地面積そのものは地球とほぼ同じである。地球表面の70%は海や湖や川で覆われているからだ。一方、火星に水で覆われているところはないように見える。しかし、実は火星上には総計400万立方キロメートルを超える「水」が存在する可能性がある――ただし、ほぼすべてが氷の状態なのだ。したがって、大気の状態によっては火星上に水が現れることもありうるのだが、現状よりもはるかに大気が濃くなって気温が上昇しないかぎり、水の流れが生じることはまずない。

その凍った水の多くは火星の北極や南極に集中し、一部は凍った二酸化炭素（ドライアイス）の下に埋まっている。氷がすべて解けたときに出現する火星の海は数百メートルの深さにもなる。それだけでも大変な量だが、地質学の知見によれば、かつてこの惑星表面を流れていた水の量はそれとは比べものにならないほどだったらしい。火星には数万におよぶ渓谷があり、大きな湖床《こしょう》もたくさんある。となると、火星面の約3分の1はかつて海だったのかもしれない。赤道付近にある広大なエリシウム平原の一部には、氷の塊が集まって、地球の北海くらいの広さの「海」を形成している可能性もある。

氷そのものは火星にたくさんあるようだが、レゴリス1立方フィート（約

28リットル）あたりに存在する氷の量は1〜60％と見積りに大きな幅がある。火星面のすぐ下には小さな氷の湖がいくつもあって、その多くは赤道付近に集中しているようだ。最初の移住者たちが氷の池を見つけるには、よっぽどの幸運が必要だろう。

かつて火星の上を自由に流れていた水の一部は、火星が大気を失ったときに一緒に宇宙空間へ蒸発していったようだ。これについては、現在火星の軌道を旋回している探査機MAVENによって多くのことが明らかになっている。地下に沁み込んだ火星の水も多かったかもしれないが、大部分は地表で凍りついていると考えられる。火星に早い段階で移住する人たちの「豊かさ」を水資源の多さで測るとするなら、彼らは実に豊かだと言えるだろう。望遠鏡や初期のフライバイによる観測から、火星が水のない乾燥した土地だと考えられていた時期もあった。本当にそうだったなら、私たちは火星よりももっとありえない惑星、たとえば金星に移住しようとしていたかもしれない。

今のところ、火星で氷を見つけるのは難しくなさそうだが、それを液体にすることは開拓初期の大きな難関となるだろう。いちばんの問題は、そもそも水を手に入れるのに多大な人的エネルギーが必要になるということだ。おそらく火星で見つかる水のほとんどはレゴリスと混ざった状態で凍っている。そうしたレゴリスは一種の永久凍土のようになっており、削岩機を使わなければ掘り起こせない。掘り起こせたとしても、氷を液体にするためにはエネルギーのかかる多くの機材と高度な採掘技術が必要となる。だから、純粋に氷だけでできている小さな湖でも見つけられれば、開拓団にとってはこれほどラッキーなことはない。

考えられる最良のシナリオは液体の水が見つかることだ。火星の地底になにもしかしたらあるかもしれない。こうした水についてはさまざまな憶測があるが、本当のところはまだ誰にもわかっていない。液体の水が湧き出る可能性を考えれば、最初に火星に降り立つ宇宙飛行士は、少なくともある程度の深さまでは穴を開けられるようなドリルを用意しておかなければならない。火星面あるいは火星に掘った井戸から水を取り出すには、ロケット工学と同じで特別な道具が必要だ（炉や蒸留器といった特殊な道具を使わなければ、湧き上がってきた水は地表に出た途端に凍りつき、氷の火山と化してしまう）。

その後の補給ミッションで送られてくる小型のブルドーザーやトラックを使えば開拓民一人ひとりの仕事量は増やせるが、はじめのうちは宇宙飛行士が自らレゴリスの塊を地面からハンマーで切り出すというシナリオもありうる。それを炉の中で熱して氷を気化させ、蒸留・濾過《ろか》を行なえば飲料水ができるが、それだと廃棄物が大量に排出されるし、エネルギーも食うだろう。必要なエネルギーの一部は太陽電池から得られるが、十分な量を手にするにはおそらく小規模な原子炉が欠かせない。

火星で暮らす初期の段階では、既成の機材や地球からの補給に頼れる部分はほとんどない。火星で用いる道具や装置にはすべて、イーロン・マスクのテスラ車のように綿密な設計が必須となる。水を求めて地面を掘っている途中で想定外の問題に気づく——たとえば、鉱物が集中しているところは特別なドリルがないと掘れない、どうしよう、なんてことがあってはならない。火星で生き延びるためには、あらゆる状況を考慮しておく必要があるのだ。

では、火星に到着した宇宙飛行士たちの試みすべてがうまくいかず、レゴリスの加工も、湧き水探索も、氷の切り出しも失敗するという途方もなく不幸な結果になったらどうすればよいのだろうか。実は良い代案がある。1976年に初めて火星着陸に成功したNASAの宇宙船バイキングからの情報によると、火星の大気は非常に薄いが、とても湿っている——しばしば湿度100%になることがあるという。ワシントン大学の研究者らが1998年の論文で提案した「水蒸気吸着器（WAVAR）」という装置を使えば、人間の生命を維持するのに十分な量の水を、火星の大気から取り出せる。論文では次のように述べられている。「大気こそ、もっともよく研究されている、火星のどこでも手に入る水の供給源である〔…〕（火星の大気は）地球に比べて非常に乾燥しているが、〔…〕平均的に見れば、毎日水をぎりぎりいっぱいまで蓄えている。というのは、火星では、季節や緯度とほとんど関係なく、夜の相対湿度は100％になるのだ」

WAVARには沸石《ふっせき》という水を吸着する鉱物が使われている。沸石は地球に天然に産する鉱物で、量産も可能（空気中の水蒸気を吸い取るので産業用除湿器に使われている）。WAVAR論文の続きを読むと、この単純な吸着プロセス〔★2〕の仕組みについて次のように記述されている。「ファンから吸入された火星の大気は集塵フィルタを通って装置内に取り込まれる。取り込まれた気体が吸着剤層を通る際に水蒸気が取り除かれる。吸着剤層が飽和状態になると、水蒸気が脱着・濃縮されて、パイプを通じて貯留槽に送られる。この装置の構成要素は7つ（フィルタ、吸着剤層、ファン、脱着ユニット、吸着剤層を回転させる機構、コンデンサ、アクティブ制御システム）だけである」

ミッションの絶対的・相対的な環境負荷をできるだけ大きくしないよう、この装置は宇宙飛行士たちが到着する2年前から火星に送られ、水作りを始められる設計になっている。

すでにおわかりかもしれないが、もう一度言おう。火星にあるはずの水が実際にあれば、人類は十分に生きていけるのだ。

酸素のジレンマ

次は酸素の問題だ。宇宙服の中の酸素を使い切ったら、それからは自分が吐いた二酸化炭素しか吸うものがなくなり、意識を失ってしまう。そうなる

★2—吸着とは、ある物質が別の物質の表面にくっ付くこと。脱着とはその反対で、物質の表面にくっ付いていた物質が離れること。

と死はもう目前だ。空気中にたった5%の二酸化炭素しか含まれていなくても、人間はほんの少しのあいだしか耐えられない。身を守るために、二酸化炭素が多すぎると気を失うように進化したというのもその理由のひとつだ。

この点で、火星はとても住みにくそうな場所である。なにしろ、大気にほとんど酸素がないのだ。2012年のキュリオシティの計測によると、火星の「空気」は、窒素が2%、アルゴンが2%、二酸化炭素が95%、さらにごく微量の一酸化炭素と酸素から成る。大気の一部は冬が来れば極地で凍りつき、春になるとまた気化するので、季節によってこの数値は変わる。ともあれ、火星の大気に含まれる酸素分子は1%以下ということになるのだが、酸素自体は火星に豊富にある。というのは、二酸化炭素を構成するのは、分子量で言えば28%の炭素と72%の酸素だからである。つまり火星の大気の95%が二酸化炭素なら、大気の質量の少なくとも70%を酸素が占めることになる。火星大気の濃度は地球の1%しかないが、それにしてもかなりの量だ。

火星から掘り出すことになる水には、さらに多くの酸素が含まれている。水の質量の約89%は酸素なのだから。しかも、電気分解という単純な手法を用いて水分子から酸素を解き放つことは、すでに地球人の得意技だ。水槽に2本の電極を差し込み、スイッチを入れて水に電流を流す。すると、陽極のある側には酸素が、陰極のある側には水素が集まってくる。水素は優秀な燃料・電力源になる。アメリカの高校生は化学の授業でほぼ全員これに似た電気分解の実験をしているはずだ。しかもおまけも付いてくる。分解された水素と酸素はロケットにとっても理想的な推進剤になるのだ。電気分解の唯一の問題は――初期の開拓者たちにとっては厄介なことに――電気がたくさん必要になるということだ。

ありがたいことに、NASAはすでに酸素の問題に取り組み始めている。キュリオシティの後継となるローバーを2020年に打ち上げる際、火星大気中の二酸化炭素を酸素と一酸化炭素に変える、燃料電池のような装置を搭載する予定なのだ。

その装置の名はＭＯＸＩＥ（Mars Oxygen In-Situ Resources Utilization Experiment：現地の資源を利用して火星で酸素を作る実験）。水の電気分解とほぼ同じプロセスを利用したものだが、こちらは大気中で高温のセラミックスを使って二酸化炭素を分解する。「セラミックスの両側に電極を設置して、電極とセラミックスの境界の触媒作用で発生した酸素イオンを分離するのです」と、ＭＯＸＩＥプロジェクト主任調査官でＭＩＴヘイスタック天文台研究マネジメント次長のマイケル・ヘクトは言う。ＮＡＳＡがＭＯＸＩＥで示そうとしているのは、呼吸可能な酸素を作り出せるということではなく、ロケット燃料の酸化剤が作れるという点である。ＮＡＳＡは復路の燃料にする酸素を火星で合成することに総力を挙げて取り組んでいる。酸素は、水素やメタンといったロケット燃料よりずっと重い。帰りの燃料をはるばる火星にまで運んで行くのはまったくもって効率的ではないということだ。

次の火星探査機に搭載されるMOXIEモジュールが生み出す酸素は、常温常圧で1時間15リットルほどにしかならない。一見少ないようだが、人間の肺が消費する酸素は1分間につき5〜6ミリリットル程度。「要するに、あまり活動しないのなら、呼吸に必要な酸素はMOXIEで継続的に生み出すことができます」とヘクトは言う。うまく機能するようなら、NASAはMOXIEを100倍にスケールアップする計画だ。ただし、大きくすると動かすために原子炉が必要になってくる。

「MOXIEは将来の人類のミッションを支える、酸素プラントの100分の1モデルのつもりです。原子炉や酸素プラントのあるロボット基地を最初に造っておいて、26カ月後、酸素が満タンで原子炉が正常に動いていることを確認してから人類を送り出す、という考えなのです」

地球で私たちが吸っている空気は窒素78%、酸素21%である。人間はヘリウムや酸素やいろいろな気体が混ざった空気の中で呼吸することはできるが、たとえば酸素20％と二酸化炭素80％という組み合わせでは不可能だ。酸素と混ぜる気体は、アルゴンやヘリウムといった化学反応しにくい不活性ガスでなければならない。窒素はふつう不活性ガスに分類されないが、窒素原子同士の結びつきはとても強力なため、他の原子と反応しにくくなっている。

食料のジレンマ

人類が火星で生きていくには、食料だって不可欠だ。農業科学はアメリカをはじめ世界中の多くの地域で進展を見せている。そのため、火星で植物を育てる方法を研究している博士課程の学生もたくさんいる（火星への移住者は好むと好まざるとにかかわらずベジタリアンにならざるをえない。動物は植物よりも育つ効率が悪いからだ）。赤道付近に着陸すれば気温も十分高いので、空気で膨らませる温室が使える。温室には高い断熱性が求められ、蓄熱性の石などを用いて日中の熱を利用するパッシブソーラー技術、夜間の急激な気温低下を補うための電気暖房も必要になってくる。温室を使うなら、火星の大気濃度を今より高くしなければならない。冬至または夏至のころの火星の1日はふつう昼夜ともに約12時間。火星の温室内部で必要とされる気圧については さまざまな推計があるが、植物学的には地球の約10分の1の気圧でも植物は育つと考えられている。国際宇宙ステーションの実験によって無重力状態でも植物が栽培可能なことはわかっているが、地球の38%ほどの重力しかない火星で植物にどんな影響が出るか、確かなことはまだ誰も知らない。

探ってくる場所にある程度は左右されてしまうが、火星のレゴリスの大部分が良い土壌になることは確かだ。探査機によるサンプル調査や、火星から地球にやって来た隕石の分析を通じて、火星の表面にはスメクタイトという粘土があることがわかっている。スメクタイトは地球でも普通に見られ、猫砂（飼い猫の排泄用の砂）などによく使われている。吸水性に富み、植物の栽培には適しているかもしれない。しかし、火星の土壌は強い酸性またはアルカリ性になっている可能性があるため、pHを調整したり、窒素などの肥料を施したりする必要がありそうだ。水が容易に手に入って、液体のまま保っておけるならばだが、養分を溶かした水の中で土を使わずに植物を育てる水耕栽培がもっとも確実に収穫を見込めるだろう。

生物学者でアーティストでもあり、火星を模した環境で数カ月過ごした経験があるアンゲロ・フェルムーレンはこう語る。「個人的には温室がうまくいくとは思えません。日光が不足しているうえに、放射線が多すぎます。火星から届く絵葉書に写っている分には素敵かもしれませんが、実用的ではありません」。代わりに彼が提案するのは「グロースチャンバー」（温度・照度などを制御できる箱形の装置）を使った水耕栽培で、放射線を避けるために盛り土に埋めたり、溶岩流によってできた洞穴の中に設置したりしてはどうかと考えている。「火星で作物を育てるには、環境のコントロールがすべてです。育つ環境を細かく調節してやらなければなりません。LED照明を使えば、光の周波数、スペクトル、強度を制御できます。水耕栽培なら、水と栄養分を厳密に管理できるので、確実な収穫が見込めます」

移住初期のグロースチャンバーや温室では、火星大気に含まれる高濃度の二酸化炭素を薄める必要が出てくるが、二酸化炭素をたくさん吸収することで植物が早く成長し、収穫高が大きくなる可能性もある。「どうするのがいちばんいいか、二酸化炭素の量をいろいろ調整してみればいいのです」とフェルムーレンは言う。火星の植物に注ぐ日差しの総量は地球の約60%に当たり、正午の火星には太陽から1平方メートルあたり約600ワットのエネルギーが届く。このときの数値は地球では1平方メートルあたり約1000ワット。つまり火星の日差しは地球上だと、午後になって太陽が沈み始めたころ、地平線から35度上のあたりから届く日差しとほぼ変わらない。ミラノやシカゴ、北京や札幌といった都市の、冬の弱い日差しを想像してみてもよい。

火星で育てる作物は、かさばらず、しかもできるだけ栄養豊富なものが望ましい。タンパク質と食物繊維に富む豆類はきっと火星の食卓にのぼることになるだろうが、どんな割合でどんな作物を育てるべきか、研究からはまだはっきりとした結論は出ていない。キノコは、作物の食べられない部分から作った堆肥で育てられる。フェルムーレンの考案したメニューには昆虫も入っている。「宇宙飛行士の食事には昆虫を加えるべきです。バッタやコオロギはサクサクしていてタンパク質も豊富です。乾燥させたミルワーム（動物の餌として養殖されるある種の甲虫の幼虫）なんかも私は好きですよ。他のプロジェクトでは、油で揚げてサラダに入れました」

レタスをはじめ葉野菜は贅沢品《ぜいたくひん》だが、重要な役割を持つ。「レタスは理想的とは言えません。栄養価は低いのに、かなりかさばります。でもレタスを食べると良い心理的効果があるのです。新鮮でシャキシャキですからね」

いまだに宇宙飛行士はチューブ入りの宇宙食を食べるものだと思われがちだが、フェルムーレンはこれに困惑している。「宇宙飛行士だって『家庭の味』を楽しみたいし、みなで食卓を囲みたいんです。一度撤去されたテーブルを元に戻して、また一緒に食事できるようにしてほしい。国際宇宙ステーションでは宇宙飛行士たちからそんな要望がありました。彼らはまた、自分たちがやって来た場所を思い出す縁《よすが》、つまり自らの文化やアイデンティティとのつながりを求めています。中国人やロシア人の宇宙飛行士は、アメリカ人が好むような食事とは違うものを食べたがるのです」

オランダ経済省の支援のもと、先日オランダの温室で50日間にわたって行なわれた実験の結果（低重力や日光といった条件を揃えることはできなかったのだが）、人類は火星でも植物を栽培できそうだという楽観的なムードが広がっている。この実験では、NASAがオランダに、火星のレゴリスによく似ていると考えられているハワイとアリゾナの土地を栽培用地として提供した。

4200種類にのぼる植物を種から育てる実験だったのだが、その火星を模した土に蒔《ま》いた種子はすべて発芽した。この擬似的な火星土壌は水持ちが良く、なかでもクレソン、トマト、ライ麦、ニンジンが予想通りよく育った。カナダのデボン島やアメリカのユタ州にある火星協会の温室などで、実験は他にも続いている。

ただ、作物栽培がいくら成功したとしても、はじめのうちは食事のごく一部しか賄えない。食料の大部分は地球から持ってくることになる。「食べるものを100％火星で育てられるようになったりはしないと思います」とフェルムーレンは言う。「はっきり言って、食料自給率が10％に達するだけでも上出来なスタートでしょう」。それは、グロースチャンバーやそこで必要な装置は質量とエネルギーの点で高コストになるからでもある。宇宙旅行をするにも、異星で暮らすにも、いつも質量とエネルギーがものを言う。

住居と衣服のジレンマ

開拓の初期段階で火星に育つ植物が特別な建造物を必要とするように、火星の環境を生き抜く人間にも特別な住居と衣服が必要だ。

金属製のロケットや膨らませて使う住居は、火星の厳しい環境に対していつまでも有効な方策とは言えない。火星では対処しなければならない放射線が2つある。太陽放射線と宇宙放射線だ。海に行って日焼けするときに地球人が受けているのが太陽放射線で、これは太陽から地球の大気を突っ切ってやって来る高エネルギーの粒子である。宇宙放射線（宇宙線）は太陽系外の正体不明の発生源から飛来する粒子で、そのエネルギーは太陽放射線に比べてずっと高く、危険もそれだけ大きいが、地球上では厚い大気のおかげで大幅に減衰している。宇宙線は太陽放射線と違って人間の皮膚程度で防ぐことはできない。分厚い金属でさえ簡単に突き破り、電子部品を狂わせる。ぽつぽつとだが絶え間なく飛んで来て、非常に高いエネルギーのために防ぐことは難しい。ロッキー山脈の高地に住んでいる人々や、海を渡って飛行する航空パイロットたちは、大量の宇宙線を浴びている。放射線を浴びるたび、がんで死亡するリスクはわずかながら明らかに高まる。ほんの少しの放射線でも長期的に見れば健康に悪影響を及ぼすのだ。

現在NASAは、火星などへ向かう、飛行期間の長い宇宙飛行士について、許容される放射線量の被曝上限を引き上げることを検討中だ。火星の希薄な大気でも太陽放射線は防げるだろう。しかし太陽フレア——滅多に起こらないが、いつ起こってもおかしくない——が直撃すれば、健康に長期的な悪影響が及ぶことは避けられない。したがって火星に暮らす人間の住居は、できるだけ分厚いレゴリスや岩石の下に造らなければならない。火星の軌道を直撃する太陽嵐を防ぐには、深い洞窟のような住居が必要なのだ。

ロバート・ズブリンが何十年もかけて練り上げてきたマーズ・ダイレクト計画では、火星でレゴリスからレンガを作って、ローマ式のアーチ型天井を備えた建物を組み立てることになっている。それを隣同士にいくつも並べれば、火星の寒さだけでなく太陽放射線や宇宙放射線も避けられる優れた住居ができる。全体を深さ3メートルくらいのレゴリスで覆えれば完璧だ。

火星移住を目指す人々が言うには、火星に行く宇宙飛行士は、そこで簡単に見つかる素材をもとに、プラスチックや鉄、鋼や銅といった建築資材を作り出せなければならない。こうした計画はどれもかなりよく考えられてはいるが、莫大な量のエネルギーとたくさんの特別な機器が必要になる。ズブリンは、ブルドーザーのブレード（排土板）を備えた小型トラックを使えば、カチカチに凍りついたレゴリスを掘り起こして運べるだろうと考えている。

住居を確保する良い方法は経験を積めばだんだんと見えてくる。有史以来人類は周囲の環境に見事なまでの適応を示し、その土地の素材を使ってその気候にふさわしい住まいを作ってきた。それは火星でも同じことだが、はじめのうちは洞窟や岩と岩との隙間、あるいは溶岩洞の中で、なんとか放射線から身を守るしかないかもしれない。将来的に、テラフォーミングで火星を地球のように造り変えられれば、大気濃度も上がって、放射線の脅威はいくらか弱くなるだろう。

衣類もまた、火星開拓者たちを放射線や寒さから守るのに一役買うことになる。さらに、衣類にしか解決できない火星特有の問題もある。大気圧不足だ。地球に住む私たちはとても高く積み重なった大気の層の下で暮らしている。手を伸ばして、何千メートルにもなる大気が上から腕一面に覆い被さっている様子を想像してみてほしい。その大気は平均すると、海水面上で1平方センチメートルあたり約1キロの重さになる。人間の体は常にその圧力を押し返しているわけだ。火星では大気圧が地球の100分の1以下になるので、与圧服（圧力を一定に保つための宇宙服）を着て、体の内側から外へ押し返そうとする力を相殺してやらないと、人間は長くは生きられない。水や酸素や食料、それに先ほどの住居の問題とも違って、気圧問題の解決策はひとつしかない。与圧服を常に着用することだ。もちろん、与圧されたコンテナの中で暮らすのなら話は別だが。

航空宇宙工学を専門とするMITの教授、ダバ・ニューマンは、「惑星内移動」のときに着用する、柔軟・軽量かつ与圧のいらない宇宙服の開発に取り組んでいる。「生理的には、地球の気圧の3分の1くらい（1平方センチメートルあたり330グラム）で十分です」。彼女が開発した宇宙服は、だぶだぶのカプセルではなく、ちゃんとした服の形をしている。体にフィットするこの「バイオスーツ」にはポリマーと形状記憶合金が使われていて、現行の与圧服よりも伸縮性に富んだ動きやすい防護服になっている。

動きやすくするために、ニューマンは必要以上の放射線遮蔽材を使わないことにした。「そうした層をスーツに入れたくないんです。本当に遮蔽しようと思ったら重いしかさばりますから。もちろん放射線からの防護は必要なのですが、スーツの中に入れる遮蔽材は少なくて済むと思います」。というのも、宇宙飛行士は火星でのほとんどの時間を防護壁のある住居や探査車の中で過ごすからだ。「火星に人が行けるようになるころには、数十年も前から人類が送り込んでいるローバーやオービターからの情報をもとに、火星の放射線環境はよくわかっているでしょう」

ここまで見てきた問題はすべて、最終的にたったひとつの問いに還元することができる。「こんなに住みにくい環境でどうやって人類は生きていったらよいのだろうか?」その答えの鍵となるのは、大気濃度を高める温暖化技術の開発である。つまり、火星全体を地球のように造り変えればよいのだ。このプロセスを「テラフォーミング」と言うが、それを達成するには何百年もかかる。しかし、その達成は可能であり、不可避でもある。

火星での生活を想像してみよう……

火星の北半球の特徴は、赤い酸化鉄を含む広大な砂地だ。
赤道付近にギザギザに伸びるマリネリス峡谷は、深さ約8000メートル、広さはアメリカと同じくらいになる。

上：1954年に発行された『コリアーズ』誌の表紙イラスト。
宇宙旅行に対する関心が高まるきっかけとなった。

左：1954年に描かれた火星着陸予想図。同誌のイラストレーターの想像によるもので、元ナチス親衛隊員の科学者、ベルンヘル・フォン・ブラウンの著作をもとにしている。

Bonestell and Miller

火星探査車キュリオシティの自撮り写真を合成したもの。
火星にある「ウィンジャーナ」と呼ばれる砂岩層の岩石を
掘削しているところ。

火星の砂地に残ったキュリオシティのタイヤ跡。

SPACEX
DRAGON

右：スペースXの設計した宇宙船ドラゴンは宇宙飛行士と貨物を地球周回軌道まで運ぶ。CEOのイーロン・マスクは、火星に行く宇宙船としてはもっと大きくて手の込んだものを考えている。

上：スペースXの次世代型宇宙船クルードラゴンは7人乗り。NASAの商業クルー輸送計画のもとで2017年の打ち上げを予定している。デニス・チトーが設立したNPO「インスピレーション・マーズ」は、2021年に1組の夫婦をクルードラゴンに乗せて、火星フライバイを行なう予定だ。

上：スペースＸのロケット「ファルコン9」。宇宙船ドラゴンに貨物を載せて、3年のうちに国際宇宙ステーションまで6往復した。現在開発中のロケット「ファルコンヘビー」は、現役ロケットとしては第一級の出力で、月や火星にも有人飛行が可能だ。

左：ファルコン9が離陸する際には、1段目にある9台のスペースＸ製マーリンエンジンが作動する。2台までは動かなくなってもロケットがミッションを完遂できる仕組みになっている。

SPACEX

2012年、スペースXの宇宙船ドラゴンが初めて国際宇宙ステーションにドッキングしたことで、それまで国家機関にしか成しえなかった宇宙飛行という困難な事業が民間企業にも行なえることが明らかになった。

直径800メートルのビクトリア・クレーター。地質学的に重要な特徴が多く見られ、NASAの探査車オポチュニティはほぼ1年をかけて露出した岩石の層を調査した。岩石の調査から、はるか以前に広大な地下水脈が火星の地形を形成したことがわかった。

上：NASAは火星の風の季節ごと・年ごとの変化を、写真のような砂丘の動きを観測することで記録している。砂丘の頂と頂のあいだは1キロメートルも離れていることがある。

左：風によってクレーターの中でV字型になった砂丘。渡り鳥の群れのようだ。

呪文のような名前のノクティス・ラビリントゥス(ノクティス迷路)。この起伏のある火星の地形には、入り組んだ尾根の明るい部分と、そこに並んで暗く沈んだ砂丘の部分が見える。風に乗って移動してくる砂丘の暗い色は、火山岩に含まれる鉄に富んだ物質に由来する。地球の明るい色の砂は、主に石英由来だ。

火星の北極にある氷冠の大部分は凍った水でできている。
この星に命の水が（凍ってはいるが）あるという確かな証拠。

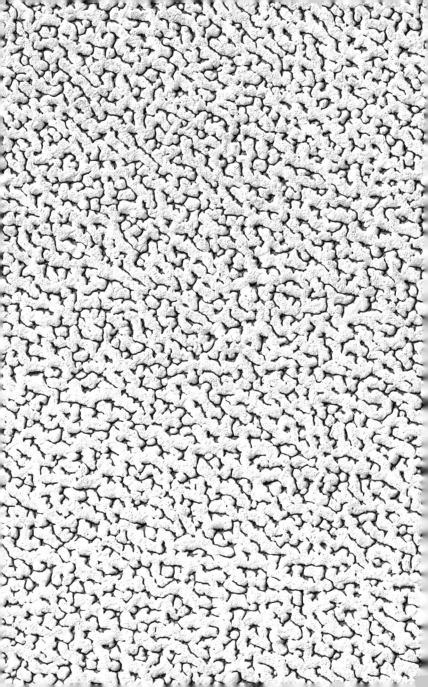

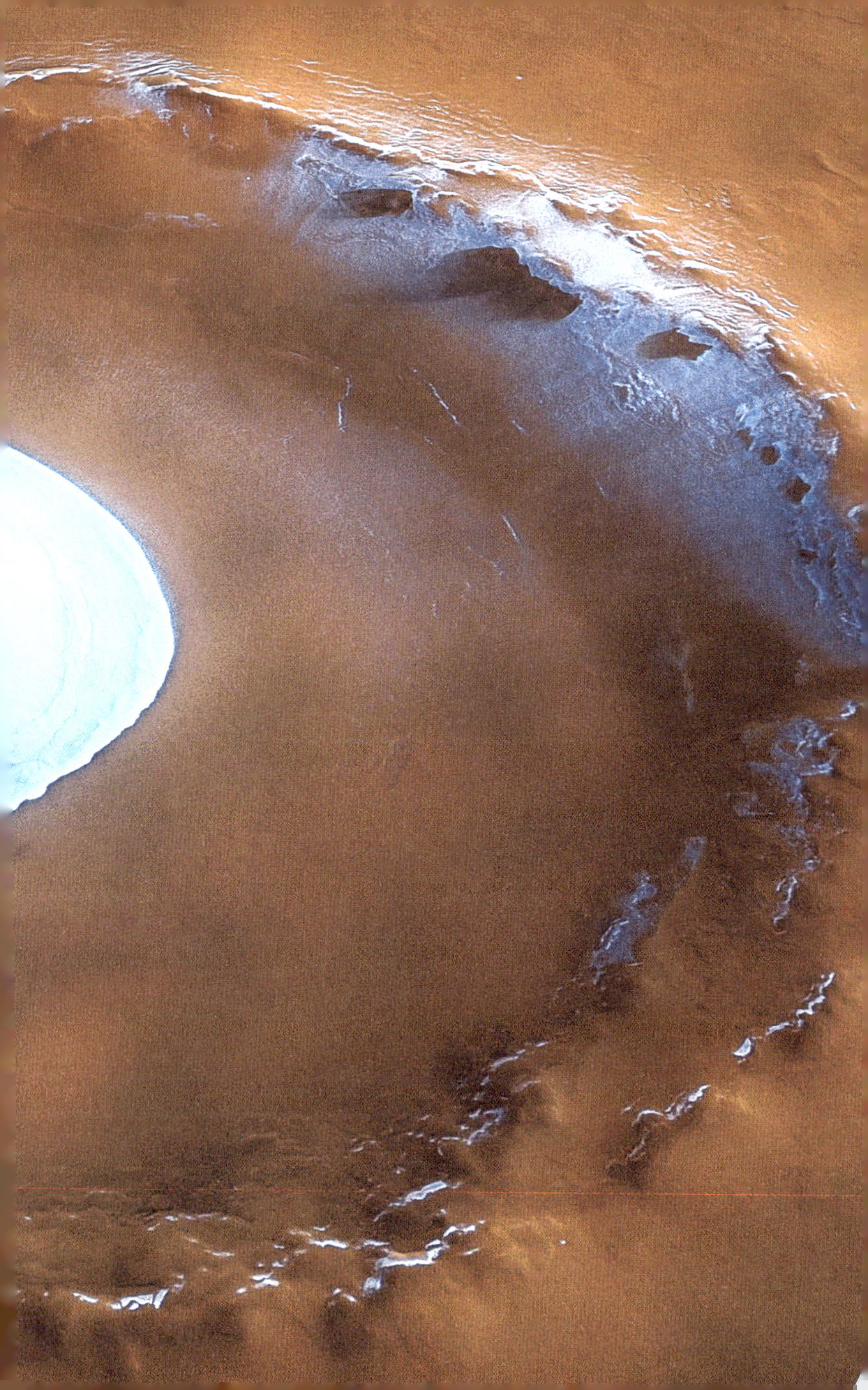

火星の北極付近にある直径35キロメートルのクレーターには氷の湖が広がる。

上：キュリオシティが2014年5月25日に発見した幅2メートルの鉄隕石。「レバノン」と名付けられた。

左：土壌サンプリングの穴のまわりに散らばった土は猫砂に似ている。それもそのはず、ここに含まれている粘土鉱物のスメクタイトは猫砂の主成分だ。スメクタイトに富んだ土壌は水をよく吸い、植物の生育を助ける。

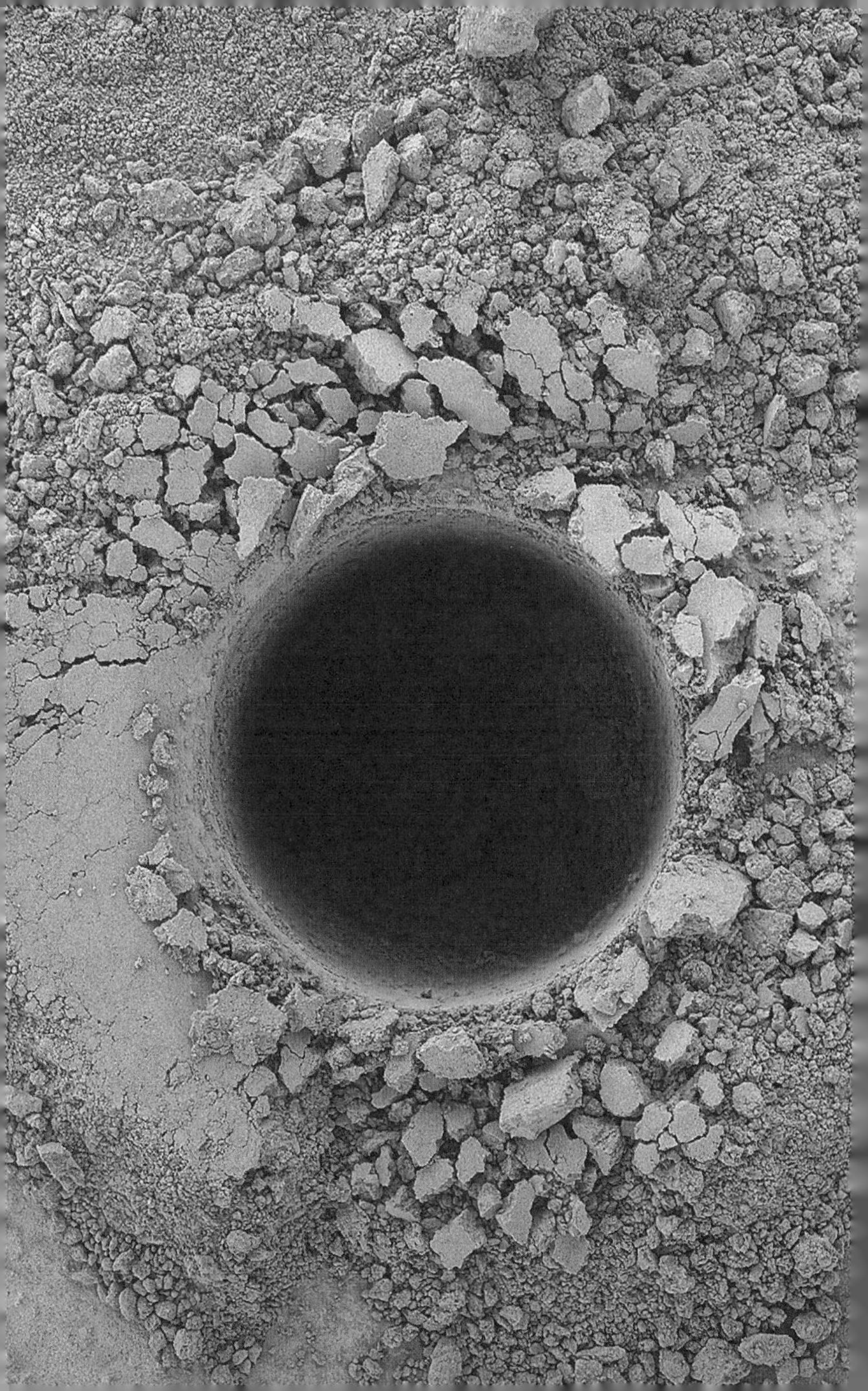

右：白いものに覆われた火星のガリー地形（降水によって地表面にできた溝状の地形）。積もっているのはほとんどが凍った二酸化炭素（ドライアイス）だが、一部には凍った水も見られる。火星に水があるというさらなる証拠。

上：シャープ山（アイオリス山）を構成する堆積岩の層。数百万年におよぶ地質時代を表している。

火星の夕暮れどき。左ページ右寄りにぽつんと
白く光っているのが、私たちの住む地球だ。

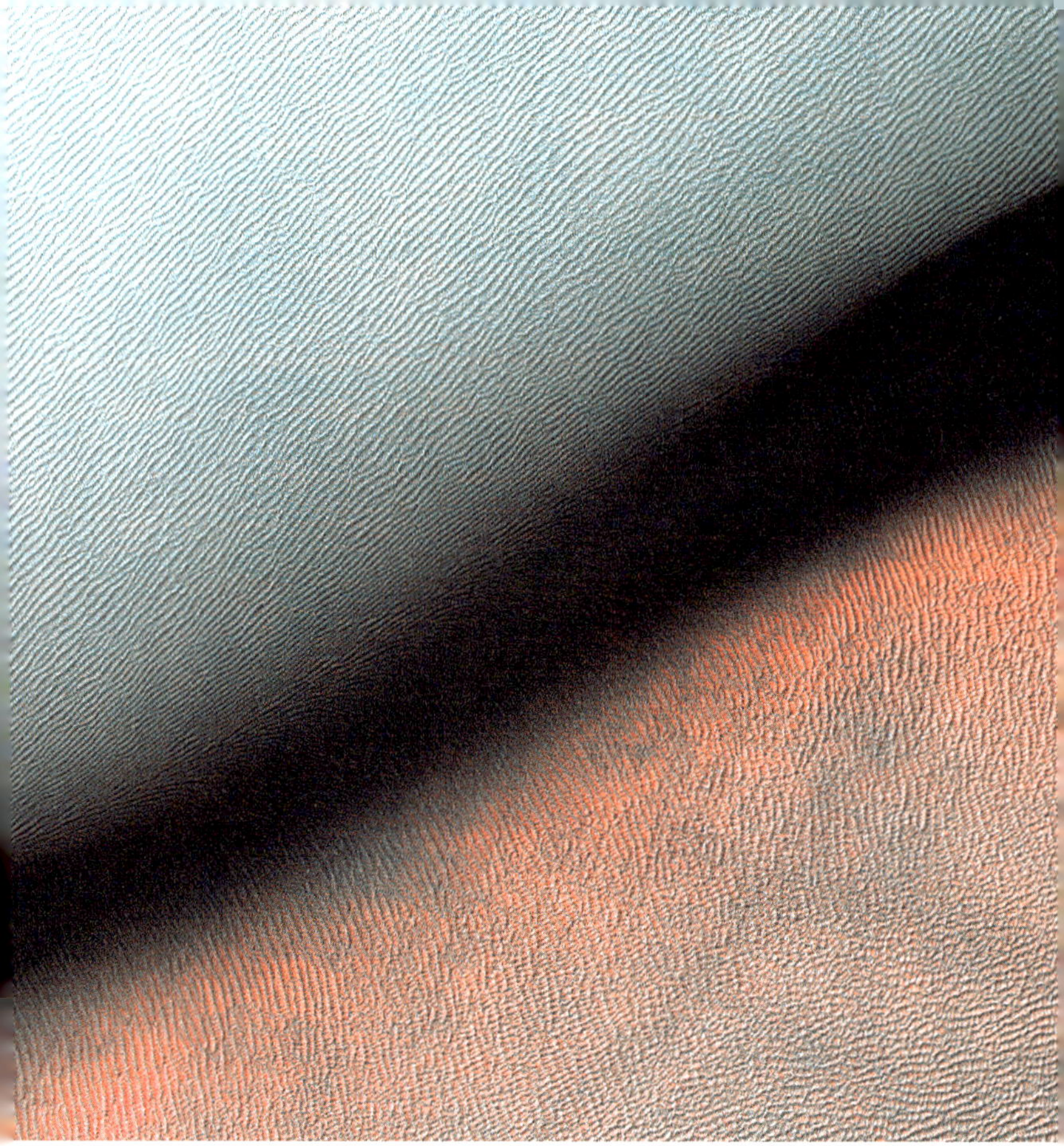

くっきりと陰影のついたドラア地形(風でできた火星の砂丘の中でも最大級のもの)。このドラアの頂点と頂点のあいだの距離は1キロメートル以上、形成には数千年以上かかったと考えられている。

第7章

地球に似せて火星を造る

人類は普通ではない生活環境にも信じられないほどの適応力を示してきた。アマゾンの熱帯雨林や、グリーンランドの大地を覆う解けることのない氷にも、やすやすと順応してきた。しかし、リブリーザー（吐いた息を再利用して呼吸可能な空気にする装置）を使い、常に酸素レベルのチェックが必要な極寒の火星での生活にはさすがに耐えられないだろう。だから、火星の大気を呼吸できるものに変え、地表の温度を上げるという方向に人類の関心が向くのも、決して不思議ではない。

ここで注意してもらいたいことがある。1960年代以降、火星に送り込まれた宇宙船から届いた情報をもとに、火星環境の変化の研究が進んでいる。それによれば、かつて火星には河川や湖があり、海も少なくともひとつはあったというのだ。大気中には水分が含まれ、もしかしたら生命も存在していたかもしれないらしい。

人類にとっては幸運なことに、水と大気濃度と気温上昇とのあいだには一定の関係がある。簡単な例で考えてみよう。もし火星の気温を上げることができれば、今は凍りついている物質が気体になるはずである。その気体は大気に混じって濃度を高め、温室効果を生じさせる。温度が上がれば、特に赤道付近では氷が解け出して水が流れ始める。液体の水（と適切な大気濃度）によって、開拓者たちは温室の外で植物を育てられるようになる。すると、今度はその植物が大気中の酸素含有量を増やす。地球と同じく、生きていくのに必要なことは自然環境と分かちがたく結びついているのだ。

こうした火星の大規模改造を「テラフォーミング」と言う。「地球を造る」という意味だ。もっと正確に言えば「惑星工学」だろうか。NASAは以前から「惑星環境合成」と呼んでいる。テラフォーミングという言葉を発明したのはSF作家の誰それだと言われることが多いが、実は、天文学者のカール・セーガンが、1961年に著名な科学雑誌『サイエンス』に発表した論文の中ですでに、金星を人間が住めるよう造り変えることをテラフォーミングと呼んでいる。

テラフォーミングには莫大な費用がかかる。しかも、カナダの西海岸と同じような気候の大地を火星で暮らす人類が歩けるようになるまでには、1000年もの年月を必要とするかもしれない。しかし、火星の適切な場所の温度をほんの数度でも上げることができれば、そこで生活する人々の暮らしは、2027年に最初の宇宙飛行士たちが到着する日よりもずっと快適になるだろう。屋外での生活は数世紀もあれば劇的に変えられる。

テラフォーミングの第1段階である火星の温暖化プロセスには、いくつかの筋書きがある。いちばん魅力的かつ最速で結果が出るのは、日光を火星上へ反射させる巨大な鏡を建設するというものだ。特に南極のあたりに向けて反射させると効率が良い。氷の上に厚いドライアイスの層があるからだ。とはいうものの、鏡作戦は火星を温める方法の中でもっともお金がかかり、技術的にもいちばん難しい。しかし、うまくいけば、液体の水の流れる川が（昼のあいだ赤道付近に）ほんの数年でできてしまうのだ。これに用いる鏡は非常に薄いアルミ箔で覆われたポリアミドの膜で、太陽帆（太陽光などを反射して宇宙船の推力に変える装置）と同じく曲がるようになっている。必要な面積は信じられないほど大きく、直径はなんと240キロメートル。重すぎて地球からは打ち上げられない可能性が高いので、火星で組み立てる必要がある。地球で造った貨物補給船に太陽帆を取り付けて、遠く火星まで運んでからリサイクルすることも考えられる。太陽帆で飛行に必要な推力を補い、火星の軌道に入ったら切り離して軌道上の適切な位置まで運んで、太陽光を火星へ反射させるのだ。鏡は非常にローテクなものでよい。太陽光が鏡を火星から引き離そうとする圧力と、火星が鏡を逆向きに引っ張る重力とがちょうど釣り合う位置に鏡を設置する。そうすると、鏡はスタタイト（停止衛星）と呼ばれる人工衛星の一種になる。

ロバート・ズブリンはこの方法を推しており、直径240キロメートルの鏡1枚で、火星の南極一帯の気温を10℃上げられるという計算を示している。これだけ温度を上げられれば、強力な温室効果ガスである二酸化炭素を大量に大気中に放出できる。二酸化炭素が放出されると、温室効果はぐんぐん進み、レゴリス表面の氷は解けて、今度はもうひとつの強力な温室効果ガス、水蒸気が大気中に放たれる。直径480キロメートルの鏡にすれば、温度上昇も倍になるかもしれない。

実現可能な火星温暖化シナリオはもうひとつある。小惑星帯に分け入って凍ったアンモニアのある小惑星を探す、というものだ。将来、特別な器具に頼らずに火星上で人類が呼吸できるようにするためには、大気中に緩衝気体が必要になる。地球における緩衝気体は空気の78％を占める窒素だ。アンモニア（NH_3）は窒素と水素からできている。大量のアンモニアを持つ小惑星を火星と衝突するように仕向けられれば、結果として少なくとも2つの事態が起きる。火星の温暖化を促す熱の発生と、温室効果ガス濃度の上昇だ。大きな小惑星がひとつ火星に衝突するだけで気温を2・8℃上げられる。残念ながら、これには大災害を引き起こす可能性もある。小惑星の衝突で、火星に核の冬と同じ状況が訪れるかもしれないのだ。大量の破片が大気中に巻き上げられ、火星は温暖化するどころか寒冷化してしまい、テラフォーミングの工期は大幅に遅れることになる。さらに、腐食性があるアンモニアを多く含む大気は、二酸化炭素の多い大気よりも体に悪い。もっとも、アンモニアは最終的に太陽光によって分解され、水素と窒素になるはずだ。水素の一部はレゴリス中の酸化鉄と反応し、水になる。火星の重力は弱いので、宇宙空間に逃げていってしまう水素もあるだろう。

（まったく現実的ではないが、火星温暖化にはこういうやり方もある。ロボットが制御する宇宙船を、土星の衛星タイタンのような、炭化水素に富む場所へ送り込む。そこには液体メタンの川や海があるので、それをなんとかして吸い集め、火星まで輸送する。火星の大気にメタンなどの炭化水素を放出すれば、水蒸気や二酸化炭素のような温室効果ガスになる、というわけだ）

地球での苦い経験から、フロン類は二酸化炭素や水蒸気を上回る温室効果をもたらすことがわかっている。フロン類とは、たとえばクロロフルオロカーボン（CFC）などのことだ。地球では、こうした強力な温室効果ガスを、スプレー缶、冷蔵庫、エアコンといった製品に使うことは世界的に禁じられている。オゾン層を破壊するからだ。しかし、火星ではこうしたガスは逆に問題を解決してくれる。地球の工場でパーフルオロカーボン（PFC）を作るのに使われる元素は、火星でも天然に存在すると考えられている。過去数十年のあいだ、地球ではこうした工場がいくつも建てられ、冷蔵庫やエアコンを動かすためのガスが生産されていた。人類はその技術を今もしっかり覚えている。とはいえ、火星の大気を変えるほどのＰＦＣを作り出すには数千人規模の大工場が必要なので、火星に最初の都市ができるまではこのシナリオは実現しそうにない。

もっともコストをかけずに火星温暖化を実現する方法は、細菌を使うものかもしれない。窒素と水をアンモニアに変えたり、水と二酸化炭素からメタンを生み出したりする細菌を使うのだ。この場合、水がジレンマになる。火星温暖化は液体の水を手に入れるために必要なのだが、そもそもそれがなければ火星を温めることはできないからだ。これは、Ｊ・クレイグ・ベンターのような科学者たちにはすでに解決できる問題だ。彼は初めてヒトゲノムを解読した科学者の１人である。ずいぶん前から、ベンターは既存の微生物の改造を試みてきた。たとえば、遺伝子操作を施した細菌を使って、石油会社が抱える古くなった油井《ゆせい》の問題を解決できるそうだ。そうした油井には、もともとあった原油の20%ほどがまだ残されているのだが、簡単には汲み上げられない。適切に改造された細菌にその原油を振る舞って、天然ガスであるメタンを老廃物として出してもらおうというわけだ。

特定の用途のために改造された新種の細菌が生み出されるまで、そう時間はかからない。火星のレゴリス内の鉱床で新しい細菌を繁殖させ、PFCを吐き出させられれば、火星は一足飛びに温かくなるだろう。既存の細菌を使ってアンモニアやメタンを排出させるだけでも、数十年もすればかなり温かくなる。そうしたメタンやアンモニアは太陽放射線や宇宙放射線も防いでくれる。

新種の細菌を使う際の問題点は、一度始めたら簡単には止められなくなる可能性があることだ。1930年代、土壌の浸食を防ぐ植物として、アメリカの農家にクズ（葛）の種が配布された。クズはアメリカの固有種ではなく、侵入種に分類される植物だ。現在、クズの蔓はアメリカ南部を覆い尽くそうとしている。

総合的に考えると、火星面に小惑星を衝突させる案も、温室効果ガスを吐き出すよう細菌に遺伝子操作を施す案も、ひいき目に見ても問題がある。開始段階に限って言えば、もっとも単純でエレガントな解決法は、太陽帆を使って極地を温める案だろう。日光を火星へ反射させる太陽帆の主な問題はコストだが、この案は既存の技術だけで実現できる。

ひとたび火星が温暖化して氷が液体になれば、厳しい環境でも育つ地球植物を火星に移植できるようになる。植物は、二酸化炭素の豊富な火星の大気の中でぐんぐん繁茂し、それとともにかなりの量の酸素が放出され始める。しかし、酸素は温室効果ガスではない。逆に火星を冷やす方向に作用する。火星はもともと大気が薄く重力が弱いうえに、人類が火星に持ち込んだ温室効果ガスはそのうち分解されてしまう。そのため、火星の大気は絶えず補充し整備することが必要だ。地球に住む私たちが水の浄化を目的として植物を育てるように、火星の住人は、大気の濃度を上げ呼吸可能なものにするために植物を育てるのだ。

人類が火星で行なおうとしている様々なことが互いに影響し合った結果、それが吉と出るか凶と出るかはわからない。しかし楽観的に見れば、氷をたくさん溶かして水にすればするほど、多くの細菌が硝酸塩を分解して大気に窒素を放出してくれる。大気は植物の生育に適したものに変わり、大気中の酸素は増える。こうしたプロセスは驚くほど互いに依存し合っているのだ。

太古の生命を復活させる

火星のテラフォーミングを一挙に成し遂げる秘策はいくつかある。そのひとつが、太古の生命を復活させることだ。かつてこの星に水が流れ、大きな湖やいくつもの川、そして大海原と厚い大気が広がっていたことを考えれば、そこに生命がひとつも存在しなかったはずがないだろう。火星にかつて生命が存在したことを示す証拠は何も見つかっていないが、火星探査車キュリオシティの調査から、生命を構成する基本的な化学物質がこの星に存在することはわかっている。知られているかぎり、「生命」を維持する鍵となるのは液体の水である。であるなら、現在の火星に生き物がいないように見えたとしても、ずっとそうだったと考えなくてもよいだろう。

実のところ、地球生命の起源に関する説の中には火星が主役のものもある。数多《あまた》の小惑星や彗星《すいせい》が飛び交う初期の太陽系では、火星の一部が大きく削られて宇宙空間に弾き飛ばされることがあった。その塊の一部に生命体が存在していたなら、地球に衝突した際にそこを新たな棲家《すみか》にしたとしてもありえないことではない。しかも、微生物は宇宙飛行に耐えられるという証拠があり、地球に最初の生命が生まれたころの火星には水が流れていたとも考えられている。火星でも生命が誕生していたとすれば、それは地球よりも早かった可能性が高い。これはつまり、地球の生命の種は火星からやって来たのかもしれないということだ。

ただ、それとは逆の説もある。初期の地球でも、小惑星に削り取られた地球のかけらが宇宙空間に弾き出されることはあった。事実、月は何らかの大きな天体が地球に衝突した結果できたものかもしれないのだ。火星に地球と同じような生命体が存在するとしたら、火星と地球のどちらがどちらに生命の種をもたらしたのか、一筋縄ではいかない重大な問題が生じることになる。

さらに重要な意味を持つのが、まだ生きている微生物が火星で見つかった場合だ。その発見は、火星に移住する人々にとって天の助けとなる。その生命体は火星に適応して独自の進化を遂げているはずだからだ。解け出した水の中でその微生物が再び繁殖し始めた場合に、大気や高等植物の生育にどんな利益がもたらされるかは推測するしかない。最初の探索で火星に生命が存在するという明らかな徴候が見つからなくても、再び川が流れ始めるまでは本当にいないのかどうかわからない。そのときにならなければ、レゴリスの中、岩石の下、熱水噴出孔や地熱で温められた地下帯水層に何が潜んでいるかは知りえないのだ。

開拓団がある朝目を覚ましてみると足下に苔《こけ》のようなものが育っていた――火星が温まってくれれば、そんなことも起きるかもしれない。温暖化で復活する火星生命がいるなら、火星を人類に合わせて改造することはもっと簡単になりうる。もちろん、復活した生命体が最新の宇宙服でさえ防げないような強い毒を持っており、火星の人類を残さず殺してしまうという可能性だってある。しかし、地球生命についてわかっていることから考えると、そうなる見込みは少ないだろう。

テラフォーミングのもうひとつの秘策の肝は、人類が火星に持ち込むことになる生命体が、火星の環境に適応していくかもしれないということだ。地球を出発する前に宇宙船をいくらゴシゴシ磨いても、溢れんばかりの微生物がついて来ることは避けられない。もう火星に着陸している探査機についても、無菌だとは考えにくい。探査機を組み立てる無菌室には予想以上に菌がいるのだ。いずれにしろ、人類は火星の景色の中に何らかの生命を持ち込むことになる。その生物は、きっとなんとかして繁殖するだろう。特に、氷を水にすることに成功した場合はなおさらだ。

火星のテラフォーミングには、温暖化などに関する短期的課題に加えて、有毒な大気を呼吸可能なものに変えるという長期的課題がある。この問題については前章で扱ったが、テラフォーミングの文脈でも再考しておこう。呼吸に適した空気を確保することこそ、火星に移住しようとする人類にとってもっとも困難な、時間もコストもかかる大問題だ。火星を新たな開拓地にすることを目指す人々は、火星を温めたり氷を液体にしたりするのに必要な技術は問題なく使えると考えている。それも当然で、大気を呼吸可能なものにするという目標の前段階までを考えると、火星のテラフォーミングというのは資本をどれだけ投下できるかという話であって、時間はそれほど問題にならないのだ。ありったけのコストを払って最速の方法を採用するなら、数十年もすれば火星を根本から変えることもできる。しかし大気中の酸素濃度を高めるには、なんと1000年以上の大仕事をしなければならないのだ。

大きな問題は2つある。ひとつ目は、地球で人類が呼吸している大気はおよそ21%の酸素と78%の窒素からできているが、その比率が死活的に重要だということ。酸素が数%少なくなれば死んでしまうし、数%多くなれば肺をやられる。私たちが吸っている窒素は「埋め草」にすぎない。肺の中では何の反応もせず、吸われたらそのまま吐き出されるだけだ。それでも、吸い込む空気の中でいちばん多いのは体積で言えば窒素である。その点ではおそらく、アルゴン（またはアルゴンと窒素の混合気体）のような不活性ガスがいちばん頼りになるだろう。95%を二酸化炭素が占める火星の大気に十分な酸素を注入するだけでなく、二酸化炭素の大部分を不活性ガスに置換しなければならないのだ。さらにややこしいのが、大気組成をうまく調整できたとしても、二酸化炭素を減らせば火星は冷えていくということだ。酸素と窒素（あるいは他の不活性ガス）からなる大気に温室効果はない。地球の温度が保たれているのは、大量の水蒸気などの種々の要因のためだ。火星も十分温めれば氷が解け出して水蒸気が大気に入り込み、それが雨や雪になって降り注ぐことになる。

科学者・技術者たちが火星に酸素を供給する方法をいろいろと提案しているが、そうした案は、数々のテラフォーミングの計画の中でも特に粗削りで精密さを欠いている。大気を呼吸可能にするのに必要な技術はまだ出揃っておらず、当てがないわけではないものの、初挑戦でうまくいくかどうかはわからない。しかも、どういう方法を採るかには慎重にならなければいけない。もし間違っていたら、取り返しのつかない事態を招くかもしれないのだ。

火星の大気改良計画がどんなに首尾よく進んでも、少なくとも900年は必要だ。しかし、そのあいだにもきっと人類は驚くほどの進歩を遂げるだろうし、その成功を信じる理由も十分にある。アポロ11号が月に着陸してからまだ50年にもならないが、人類は数年ごとに知識を倍増させている。今から2、300年後にはこの問題をより深く理解できているはずだ。それをさらに促進する要因として、遺伝子、特に植物のそれを操作する技術は日進月歩の勢いを見せている。「遺伝子組み換え」は地球上では忌《い》むべき言葉かもしれないが、同時に、火星での生存を賭《と》した大気改良問題に答えを与えてくれる可能性もあるのだ。

火星の大気改良について現在わかっていることを再検討してみよう。火星が温まって氷が液体になると、地中の硝酸塩が水と反応して窒素を放出する。

窒素は植物の生育に欠かせない。火星で育てられる植物が増えるにつれて、酸素も増える。レゴリスに含まれる酸化物がその上を流れる水によって分解されると、酸素がさらに放出される。火星を覆っている赤い砂塵は主に酸化鉄でできており、そこには大量の酸素が結合しているのだ。

原子力で動く小型マシンを巡回させて火星面の砂塵を採取・加熱し酸素を放出させる、といった方法もあるかもしれない（しかし、自走芝刈り機のようなマシンを百万台も使うと考えると、ちょっと無理がある。消費するエネルギーが途方もなく多くなるからだ）。もっと良いのはロバート・ズブリンの案で、最初は細菌や原始的な植物を繁殖させて酸素を増やすというやり方だ。それによって高等な植物が火星に根を張れるようになり、さらに多くの酸素を排出してくれる。

太陽放射線や宇宙放射線は植物を育てる際の懸念材料のひとつだが、火星が温まるにつれて大気濃度が高まれば、その中身が二酸化炭素であっても、放射線による被害は大幅に減るだろう。前章で述べたように、火星に大量にある二酸化炭素は人類にとっては大きな難点だが、植物にとってはかなりの利点になりうる。植物は二酸化炭素を消費して酸素を排出する。物理学者のリチャード・ファインマンがよく言っていた。「木は陸上植物ではない――木は空気中で育つのだ」。木の成長に必要なのは、主に日光と二酸化炭素である（もっとも、ほとんどの木にとっては地中の水分も欠かせない）。二酸化炭素に恵まれた火星の環境で、植物はきっと繁栄を謳歌するだろうし、遺伝子操作の技術を使えば、他のどこにも増して火星でぐんぐん育つような植物を新たに作り出すことだって可能だろう。最終的に遺伝学は大気を呼吸可能にするうえで重要な役割を担うようになるかもしれない。植物が今の姿のままで役目を十分に果たすことができるとは限らない。地球よりも放射線が多く、気圧が低く、窒素が少ない環境で生育できるように、植物を根本から作り変える必要がある。

もちろん植物は問題解決の手段のひとつにすぎない。細菌を含め微生物の遺伝子操作技術も急速に発展してきているので、火星で不要なもの（二酸化炭素など）を消費して、必要なもの（酸素や窒素）を吐き出す新生物を作り出せるかもしれない。

こうした解決策を実現するために1000年も時間がかかると想定されるのは、近い将来起こるであろう科学技術の進歩を考慮に入れていないからだ。2014年9月、NASAの探査機MAVENは火星周回軌道に入った。火星の上層大気と電離層を調査し、太陽風によって奪われる火星上の大気の量を明らかにするのが目的だ。1年間続く計画全体の目標は、かつては水が存在し温暖湿潤だった火星がなぜ、現在のような凍りついた不毛の大地に変わってしまったのか、その原因を究明することだ。MAVENからわかることに期待しよう。

今のところ確かなのは、火星に関する私たち人類の知識は指数関数的に増えているという事実だ。新生物を作り出す技術も急速に発達し、人類は加速度的に賢くなっている。今から300年前の1700年代初頭に生物学や化学の分野でどんなことが明らかになっていたかを考えてみてほしい。その次に、今から300年後、2300年代初頭に明らかになっていることを想像してみてほしい。今わかっていることのほとんどが古色蒼然《こしょくそうぜん》として見えてこないだろうか。

火星を変えるか、人類を変えるか

人類は徐々に遺伝子編集の腕を磨いてきた。細胞内の遺伝子を操作して、除去したり挿入したりできる。ヒトの細胞核にウイルスを挿入し、内部にある遺伝子を書き換える技術も発達しつつある。現在このプロセスは病気の治療を目的として進んでいる。しかし、そう遠くない将来、もしかしたら50年以内に、ヒトの遺伝子組み換えも可能になるだろう。実はすでに、私たちはそれを気づかないうちに行なっている。そして自然もまたすでに、ヒトの遺伝子を組み換えている。ヒトの遺伝子の実に8％がウイルスに由来するのだが、そうしたウイルスは人類の悠久の歴史を通じて私たちの体に侵入し、細胞に入り込んでそこにあるＤＮＡを自らの増殖のために書き換えてきたのである。私たちはこうした自然現象をコピーして、ウイルスを自身の細胞内に挿入して遺伝子書き換えを行なっている。サンディエゴのセラドンという会社はフェーズⅡのＦＤＡ（アメリカ食品医薬局）臨床試験として、心臓のポンプ機能が十分でない人たちの心筋細胞に手を加える治療法を行なっている。心筋細胞を「初期化」して正常に機能するように直しているのだ。そこには火星と同じくらい大きなアイデアがある。ヒトの肺や血液細胞を改造して二酸化炭素から炭素原子を切り離せるようにできないか？　３００年経ってもできないなんてことはないだろう。そう思うのは素人だけだ。

したがって、どうやって火星で生きていくのかという問いに対する答えは、「火星をどう変えるか」ではなく、「人類をどう変えるか」にあるのかもしれない。なんとなく怖い感じもするが、人類にはすでにそれが可能なのだ。病気の治療や、抵抗力向上のためなら、人類を「改造」することは全面的に受け入れられている。私たちは、自然に任せず自分たち自身で進化をコントロールする段階にまで達しつつある。地球のバックアップとも言うべき火星を住みやすくするために、その知識を使わない手はない。

「宇宙飛行士は遺伝子治療で強化することになると思います」とアンゲロ・フェルムーレンは言う。「人体は宇宙飛行向きではありません。しかし、放射線の影響を他の人よりも受けにくい人がいることがわかっています。その原因を突き止め、宇宙環境に適応できるように遺伝子を組み換えるのです」

人類が二酸化炭素を呼吸できるようになるのは、一世代のうちには無理かもしれない。しかし、ヒトの卵子と精子の遺伝子を操作して、私たちの子孫を変えることはできそうだ。遺伝子工学は絵空事ではない。もはや現実になりつつある。時が経ち、テラフォーミングの技術が向上するにつれ、ヒトの遺伝子操作技術も同じように発展していくだろう。火星の大気中の二酸化炭素濃度は40％にまで減り、人間のほうは二酸化炭素40％の空気中で呼吸できるようになる。そんな時が来るかもしれない。遺伝子操作とテラフォーミングがめでたく平衡点に達するというわけだ。

人類改造は惑星改造よりも現実離れしたことのように思われるかもしれない。それでも、現時点では、前者のほうが私たちにできることはずっと多いのだ。神々の仕業《しわざ》と思われていたことが人間にもできるとなれば動揺するのも無理はないが、ランプの精はもう呼び出されてしまっている。生きていくために私たち人類は、この力を受け入れるしかないのだ。

第8章

ゴールドラッシュの再来

人類が火星を、宇宙服や酸素マスクいらずの惑星に造り変えようとしている究極の理由は、残念ながら、私たちが地球を破壊しつつあるからでもなければ、太陽が地球を飲み込んだり軌道から弾き出したりする前に人類が宇宙空間を移動できるようになっている必要があるからでもない。人が火星に行こうとする理由、それはスペイン人が「新世界」に行った理由や、農民たちがカリフォルニアのサッターズミル（ゴールドラッシュの発端となった場所）に行った理由とまったく変わらない。富を手に入れるためだ。歴史上のあらゆるフロンティアがそうだったように、人々を突き動かす原動力は、過去をリセットして一山当てようという夢にある。火星というフロンティアから富を得る人々の中には、他人がそこに行くのを手伝うことで一儲けする者もいるだろう。イーロン・マスクは自身のスペースXがこうした先例に連なるものだとはっきり認識しており、すでに火星への片道切符の値段も算出し終えている。

火星開拓者の第1波、第2波、第3波が火星をいくら探しても、かつての川底に砂金が見つかったりすることはない。そうしたら彼らは、NASAのウェブサイトにひっそりと書かれている、地球近傍小惑星に関するある記述に目を向け始めるかもしれない。「火星と木星のあいだを回る小惑星帯に存在する鉱物資源の価値は、今日の地球で考えると1人あたり約1000億ドルに相当します」。火星と木星との軌道間にある小惑星帯は並外れて金属資源に富んでいるが、そうした金属を地球から採掘しに行くのはとても難しい。ひとつには、地球の重力を脱するロケットを打ち上げるのにお金がかかるからだ。しかし、重力の弱い火星から小惑星に向けて打ち上げるのなら比較的コストは抑えられるかもしれない。しかも、火星から小惑星までの距離は地球からの距離に比べてずっと短いというおまけ付きだ。火星に基地を建設してしまえば、そこから小惑星に金属採掘に行くほうが、地球を基地にするよりもずっと安上がりで簡単になるだろう。

それでもマスクは、火星から小惑星に行っても、そこで採掘した金属を地球に持ち帰るのならコストが大きすぎるし、そもそも火星内で堅実な商売をするだけでも集団は維持できると考えている。「火星コロニーの経済基盤は地球と同じようなものになると思います。鋳鉄所とかピザハットとか、何でもね」と彼は言う。「火星から地球に送ってくるものといえば、基本的には知的財産ということになるでしょう。娯楽とか、ソフトウェアとか、情報として送ってこられるようなものです。モノを送る場合、重さによっては信じられないくらい値段が高くなります。地球に送付するコストが非常に大きいからです。〔…〕いま考えている計画では、火星から帰還する宇宙船の貨物は、火星に行くときよりも少なくなります。戻って来るときには宇宙船だけで、ブースターはいらないからです」

一方で、誰も予想しなかったほど早く小惑星の金属採掘が必要になるかもしれない。地球の人口が80億人を超えようとしている今、重要な金属が枯渇してきているからだ。銅のような当たり前の金属でさえ少なくなっているし、地殻に存在する金属の多くはすぐにでもなくなってしまいそうだ。地球で簡単に採掘できる金、銀、銅、錫《すず》、亜鉛、アンチモン、リンといった金属は、ほとんどすべて今後100年のうちに消えてしまうかもしれない。少し皮肉なのは、製造業や発電に欠かせない金属や鉱物は、実は小惑星から地球にやって来たということだ。地球が誕生したばかりでまだ熱い溶岩の塊だったとき、最初にニッケル、パラジウム、モリブデン、コバルト、ロジウム、オスミウムといった元素がその中心へと沈んでいった。地球の巨大な重力によって、核へと引っ張られていったのだ。地球が冷え始めて地殻ができると、太陽系の形成に伴っていくつもの小惑星が地球に降り注ぎ、現代の産業が利用しているレアメタルや準レアメタルをもたらした。

NASAや、宇宙に目をつけている投機家たちは、小惑星帯から採れる金属の市場をすでに見越して行動しているが、みながみな、火星から採りに行くほうがずっと良いとわかっているわけではない。火星も準惑星ケレスも小惑星採掘基地に適しており、そこから使い捨ての貨物船をホーマン遷移軌道に投入すれば数カ月で地球に到着する（あるいは火星に送り返してもよいだろう。居留地を建設し維持するのにも物資は必要なのだから）。さらに少し想像の翼を広げれば、火星と小惑星のあいだを採掘船が往来し、レアメタルなどから珍しい製品を作る工場が火星に建設され、そうした製品が地球に輸出される未来も考えられるだろう。「Made on Mars（火星製）」と印字されている

iPhone 30を想像してみてほしい。
小惑星は銀行預金のようなものだ。全長12メートルのS型小惑星1個には、高確率で45万キログラム以上のニッケル、金、白金、ロジウム、鉄、コバルトが含まれている（S型小惑星は全小惑星の15％以上を占める）。これを見過ごせるわけがない。2012年に組織を再編して改名したプラネタリー・リソーシズ社は小惑星の採掘を目的に設立されたもので、グーグルの元CEOエリック・シュミットや、同社の共同創業者ラリー・ペイジも投資している。トップを走るプラネタリー・リソーシズに続いたのは、2013年に設立されたディープ・スペース・インダストリーズという会社だ。同社のウェブサイトの背景画像はSF映画のセットのようで、キューブサット（偵察衛星）や、宇宙空間で組み立てて大気圏外で動かす巨大な採掘船のイラストが見られる。ディープ・スペースの主任研究員ジョン・S・ルイスはMITやアリゾナ大学で教鞭を執っていた。『Mining the Sky: Untold Riches from the Asteroids,

Comets, and Planets（宇宙採掘――小惑星・彗星・惑星の知られざる富）』という本の著者でもある。少々ＳＦっぽく感じられるかもしれないが、ふざけているわけではない。ディープ・スペースは小惑星探査に関する顧問契約をＮＡＳＡと結び、採掘候補地の偵察に使う小型宇宙船の開発を進めている。２０２３年には実際に小惑星採掘を始める予定だ。ＮＡＳＡもそれまでには宇宙船オリオンで小惑星に宇宙飛行士を送り込む計画でいる。

火星の基地が実用段階に入れば、人は群れをなしてやって来るだろう。単純に考えて、地球上では毎年非常に多くの人々が国から国へと移住しているのだから、そこには輝かしい新天地を求めている人が実にたくさんいるということになる。これは人の心のあり方としては自然なことだ。

たとえば、あまり知られていないが、アメリカの植民地はとても急速に発展した。１６２０年、メイフラワー号に乗って１０２人の移民がマサチューセッツ州プリマスにやって来た。その10年後にはボストンの街が成立、１６４０

年時点で3万人を超える人が入植してきており、そのほとんどは西部へと散っていった。アメリカ初の定住植民地であるジェームズタウンは1607年に104人の入植者によって築かれた街だが、翌年初めての補給船が到着するころには35人しか残っていなかった。しかしメイフラワー号到着の少しあと、1622年には、バージニア州の人口は1400人にまで膨らんでいた。火星への移住はこれほど急には進まないかもしれないが、1600年代当時の大西洋横断にかかる時間は宇宙船で火星まで行くのと五十歩百歩だし、かかるコストだって相対的に見ればそれほど違いはない。

つまるところ火星は、そこに待つ幸運をつかみ取るためなら何でもしたいと願う数百万の地球人にとって、新たなるフロンティア、新たなる希望、そして新たなる運命となるのだ。

火星移住を議論する際には、「必要」からは簡単に「強要」が生まれるという認識が欠かせない。火星に先住民はいないので征服は起きないだろうが、資源の奪い合いや環境破壊、科学的価値のある場所の消滅といったことは容易に起こりうる。年季奉公制［★3］の復活を望む者だって出てくるかもしれない。1967年の宇宙条約をはじめとする諸条約によって、地球外の宇宙空間を各国共有のものとする取り組みがなされてはいる。しかし歴史を振り返れば、人類の行動を法律と警察機関によって規制する必要があるのは明らかだ。

私たちがやり方を間違え、過去の過ちを繰り返すようなことになれば、その先には目も当てられない悲惨な結末が待っている。しかしやり方を間違えなければ、未来の人類が享受できるかもしれない恩恵は計り知れない。

★3　年季奉公制（indentured servitude）は年限を定めた無休労働契約で、契約中の労働者の自由は大きく制限されていた。アメリカでの年季奉公契約は、渡航費用を賄うために貧しい移住者が結ぶことが多かった。

第9章

最後のフロンティア

今から500年ほど前、フェルディナンド・マゼランは、5艘の小型船を率いて、ヨーロッパ人がそれまで見たことのなかった西方の海と土地を目指して出発した。マゼランの使命は新たなアジア航路を開拓することだったが、その旅の成果は決して約束されたものではなかった。コロンブスたちもそれ以前に探検航海をしてはいたが、大西洋を抜けて太平洋に船で出られるかどうかは誰にもわからなかった。マゼランの船隊が積んでいた物資は2年分だったが、地球一周には3年の月日が必要だった。1艘を残して他の船は難破、多くの乗組員が命を落とし、マゼラン自身もフィリピンのある部族と敵対して殺された。生き残るのは難しく、しばしば知恵と機転が命運を握った。

しかし、この旅がその後のすべてを変えた。「発見の時代」の幕開けである。大陸と文明が海を越えてつながり、地球の広さは実質的に倍になった。想像を超える新たな資源が突然手の届くところに現れた。人々が住むのはもはや都市や地域ではなく、この惑星全体になった。かつては気の遠くなるようだった距離がぐっと縮まった。帝国が興亡し、旧世界と新世界が衝突した。植物、人間、病気、文化が地球上を行き交うようになり、トウモロコシはヨーロッパへ、馬はアメリカ大陸へと渡った。物質的繁栄を享受する社会もあれば、壊滅を強いられた社会もあった。そして、人々の世界の見方は広がり、狭まり、多様になった。

火星への旅が成功すれば、この「発見の時代」は人類史の背景へと退くだろう。なにしろ私たちの世界は突如としてこの惑星を越えて太陽系の全域にまで広がるのだ。地球工学技術は成熟し、惑星のような大きなものまで相手にできるようになる。これまで考えられなかったような交易路が開通する。地球が待望していた金属と、地球環境を守るのに使えそうな専門知識が手に入る。新天地の夢が何百万もの人々に生きる希望を与える。

その一方で、私たちの故郷、地球を守るために、本腰を入れて取り組む必要もある。知られているかぎり、地球のような星はどこにもないのだ。遠くから地球を眺めてみると、この世界がどれほど精妙なバランスの上に成り立っているのかがわかる。地球を取り巻いている、あの青みがかったごく薄いもやのようなもの——それが、人類に呼吸可能な大気のすべてなのだ。地球の酸素の大半が、地上1500メートルまでの空にある。遠く離れた、まったく異なる視点から地球を考えることで、数千数万の人々が何かに気づくかもしれない。あらゆることが複雑に絡み合ってこの有限の地球環境が成立しているのだという認識が広がり、感受性が高まるだろう。人類は今よりもずっと深く生の意味を理解できるようになるかもしれない。火星に行くことで地球に対する正しい見方が感得できるかもしれない。こうしたビジョンを、私たちは決して手放してはならない。

しかし、どちらかを選ばなくてはならないのだろうか？　宇宙を自由に行き来する社会を実現すると同時に、地球の自然と共生していくことはできないのだろうか。火星のテラフォーミングの経験を活かして、地球とより良く付き合っていくことはできないのだろうか。植民地支配によって文明を根絶やしにしてしまった過去の過ちから学ぶことはできないのだろうか。新たな「発見の時代」が、希望に満ちた、人間精神の最良の発露になると同時に、ヒトという種とその驚くべき文化的営為を保全し、私たちの時間をはるかなる未来にまで引き伸ばしてくれる——そうなることはありえないのだろうか？

謝辞

以下の人々に感謝する。

クリス・アンダーソンは、クアッドコプターを飛ばして一緒に遊びたがる私に本書の執筆を強く促してくれた。ミシェル・クイントは、見事な編集能力を発揮して本書を構成してくれた。アレックス・カープは、私の間違いを容赦なく指摘してくれた。ジョン・ハウスは、怪しげなウェブサイトから面白い火星ネタを見つけてきてくれた。ファン・エンリケスは、人類の可能性を絶えず身近に感じさせてくれた。愛しの妻チー・パールマンは、ずっと私を支えてくれた。もっとも彼女は、火星に行く暇があったら、人類には他にするべきことがあると思っているようだ。

写真クレジット

NASA/Lewis Research Center
Bonestell LLC提供
Bonestell LLC提供
NASA/JPL-Caltech/MSSS
NASA/JPL-Caltech/MSSS
SpaceX提供
SpaceX提供
SpaceX提供
SpaceX提供
SpaceX提供
NASA/JPL-Caltech
NASA/JPL-Caltech/University of Arizona
NASA/JPL-Caltech/University of Arizona
NASA/JPL/University of Arizona
NASA/JPL-Caltech/ University of Arizona
© ESA/DLR/FU Berlin (G. Neukum)
NASA/JPL-Caltech/LANL/CNES/IRAP/
LPGNantes/CNRS/IAS/MSSS
NASA/JPL-Caltech/MSSS
NASA/JPL-Caltech/University of Arizona
NASA/JPL-Caltech/MSSS
NASA/JPL-Caltech/MSSS/TAMU
NASA/JPL/University of Arizona
（掲載順）

著者紹介

スティーブン・ペトラネック(Stephen Petranek)は40年以上にわたる出版の仕事のなかで、科学、自然、テクノロジー、政治、経済といった分野で優れた著作を発表し、数々の賞と栄誉に輝いている。世界最大の科学誌『Discover』編集長、『ワシントン・ポスト・マガジン』編集部、タイム社の雑誌『This Old House』創刊編集長、雑誌『ライフ』の科学部門編集長、ワイダー・ヒストリー・グループ社の歴史雑誌10誌の共同編集長を務めてきた。初めてのTEDトーク「世界が終わってしまうかもしれない10の方法」は100万回以上再生。現在編集委員を務めている『Breakthrough Technology Alert』は、真の価値を生み出し、人類を進歩させる良い投資機会だと思っている。

著者のTEDトーク

TED提供

本書『火星で生きる』の導入となっているスティーブン・ペトラネックの講演(17分間)は、TEDのウェブサイト「TED.com」にて無料で見ることができます。

www.TED.com
(日本語字幕あり)

本書に関連するTEDトーク

ブライアン・コックス「探検家が必要な理由」

厳しい経済状況でまず予算縮小の憂き目を見るのは、宇宙探査やLHC(大型ハドロン衝突型加速器)などの探検的な科学研究です。しかし、純粋な探究心にもとづいた科学研究はペイする——技術革新の動力となり、深い人間理解を促すのだとブライアン・コックスは説明します。

バート・ルータン「宇宙飛行ビジネスの未来」

伝説の宇宙船設計士バート・ルータンは、白熱した語り口で、アメリカ政府が主導する宇宙開発の停滞を鋭く批判し、NASAが中断した宇宙開発を民間の企業家の手で再開するよう呼びかけます。

イーロン・マスク「テスラモーターズ、SpaceX、ソーラーシティの夢」

100の構想を持つ男、企業家イーロン・マスク。PayPal、テスラモーターズ、スペースXの創業者が、TEDのキュレーターであるクリス・アンダーソンと膝を交え、大衆向け電気自動車、太陽光発電装置のリース事業、完全に再利用可能なロケットといった、自身の野心的なプロジェクトについて詳しく語ります。

スティーブン・ペトラネック「世界が終わってしまうかもしれない10の方法」

世界の終わりはどうなるのか? スティーブン・ペトラネックが提示するのは10通りの恐ろしい可能性と、その裏付けとなる科学的知見です。人類滅亡の原因は小惑星? それとも生態系の崩壊? 加速器が暴走したら?

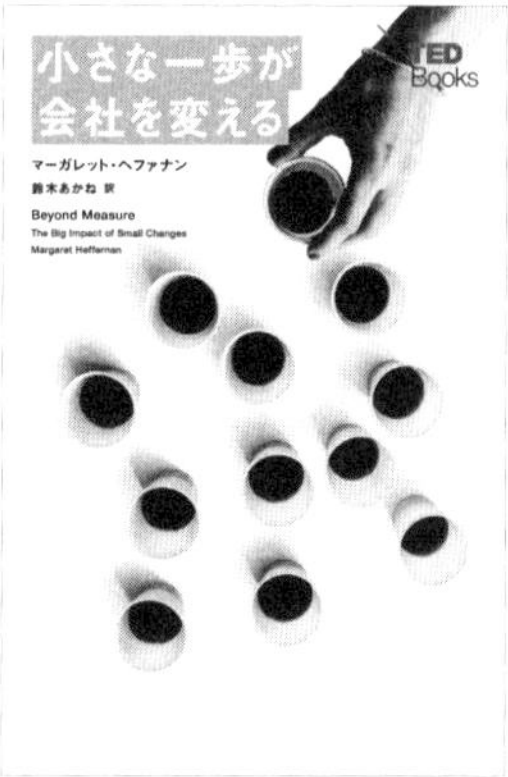

小さな一歩が会社を変える

マーガレット・ヘファナン

鈴木あかね 訳　本体1750円+税

一人のトップに頼るより、一人ひとりがリーダーになろう。部署を超えて意見を言い合う。コーヒーブレイクを社内で一斉に取る。「静かな時間」で一人の作業に集中する。オフィスを飛び出て人や家族と話す。ほんの小さな変化が劇的な変化をもたらす。世界中の企業を見てきた起業家が成功と失敗の豊富なケーススタディをもとに、風通しの良い組織と個人の関係を探る。

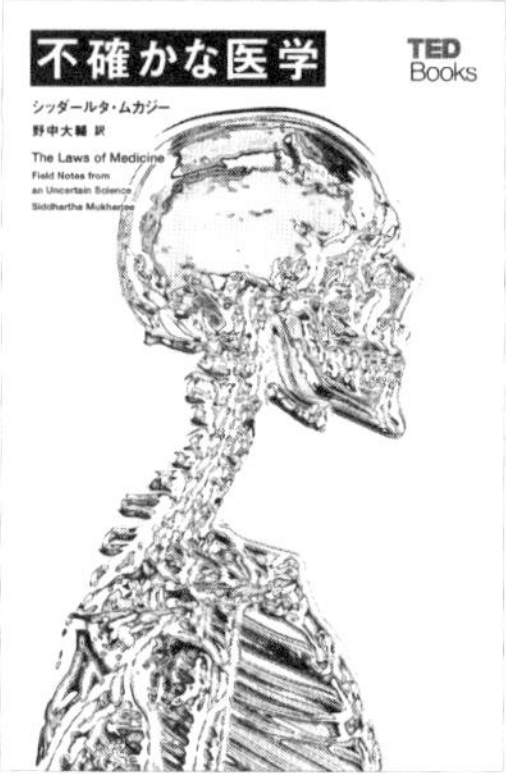

不確かな医学

シッダールタ・ムカジー

野中大輔 訳　本体1350円+税

普遍的な「医学の法則」は存在するだろうか? 事前の推論がなければ検査結果を評価できない。特異な事例からこそ治療が前進する。どんな医療にも必ず人間のバイアスは忍び込む。問題は、いかに「不確かなもの」を確かにコントロールしつつ判断するか。ピュリツァー賞も受賞した医師が、具体的症例をもとに、どんな学問にも必要な情報との向き合い方を発見する。

シリーズ案内

知らない人に出会う

キオ・スターク

向井和美 訳　本体1500円+税

「壁」の向こう側に、世界は広がっている。勇気を出して、知らない人に話しかけてみよう。ちょっとした会話でも、驚きと喜びとつながりの感覚を呼び起こしてくれる。その体験は、日々の暮らしに風穴を開け、この「壁の時代」に政治的な変化をも生み出す。「接触仮説」は正しいか。「儀礼的無関心」をどう破るか。他者との出会いを研究する著者が、異質なものとの関わっていく「街中の知恵」を説く。

煮えたぎる川

アンドレス・ルーソ

シャノン・N・スミス 訳　本体1750円+税

「ペルーのジャングルの奥深くに、沸騰しながら流れる大きな川がある」。祖父から不思議な話を聞いた少年はその後、地質学者となって伝説の真偽を探求する旅に出る。黄金の都市「パイティティ」は実在するのか？ 科学と神話が衝突し、融合する。すべてが「既知」になりつつある現代に「未知」への好奇心を呼び覚ましてくれる、スリリングな探検と発見の物語。

TEDブックスについて

TEDブックスは、大きなアイデアについての小さな本です。一気に読める短さでありながら、ひとつのテーマを深く掘り下げるには充分な長さです。本シリーズが扱う分野は幅広く、建築からビジネス、宇宙旅行、そして恋愛にいたるまで、あらゆる領域を網羅しています。好奇心と学究心のある人にはぴったりのシリーズです。

TEDブックスの各巻は関連するTEDトークとセットになっていて、トークはTEDのウェブサイト「TED.com」にて視聴できます。トークの終点が本の起点になっています。わずか18分のスピーチでも種を植えたり想像力に火をつけたりすることはできますが、ほとんどのトークは、もっと深く潜り、もっと詳しく知り、もっと長いストーリーを語りたいと思わせるようになっています。こうした欲求を満たすのが、TEDブックスなのです。

TEDについて

TEDはアイデアを広めることに全力を尽くすNPOです。力強く短いトーク(最長でも18分)を中心に、書籍やアニメ、ラジオ番組、イベントなどを通じて活動しています。TEDは1984年に、Technology(技術)、Entertainment(娯楽)、Design(デザイン)といった各分野が融合するカンファレンスとして発足し、現在は100以上の言語で、科学からビジネス、国際問題まで、ほとんどすべてのテーマを扱っています。

TEDは地球規模のコミュニティです。あらゆる専門分野や文化から、世界をより深く理解したいと願う人々を歓迎します。アイデアには人の姿勢や人生、そして究極的には未来をも変える力がある。わたしたちは情熱をもってそう信じています。TED.comでは、想像力を刺激する世界中の思想家たちの知見に自由にアクセスできる情報交換の場と、好奇心を持った人々がアイデアに触れ、互いに交流する共同体を築こうとしています。1年に1度開催されるメインのカンファレンスでは、あらゆる分野からオピニオンリーダーが集まりアイデアを交換します。TEDxプログラムを通じて、世界中のコミュニティが1年中いつでも地域ごとのイベントを自主的に企画運営・開催することが可能です。さらに、オープン・トランスレーション・プロジェクトによって、こうしたアイデアが国境を越えてゆく環境を確保しています。

実際、TEDラジオ・アワーから、TEDプライズの授与を通じて支援するプロジェクト、TEDxのイベント群、TED-Edのレッスンにいたるまで、わたしたちの活動はすべてひとつの目的意識、つまり、「素晴らしいアイデアを広めるための最善の方法とは?」という問いを原動力にしています。

TEDは非営利・無党派の財団が所有する団体です。

訳者紹介

石塚政行（いしづか・まさゆき）は東京大学人文社会系研究科博士課程の学生。専門は言語学、バスク語。

TEDブックス
火星で生きる

2018年4月20日　初版第1刷発行

著者：スティーブン・ペトラネック
訳者：石塚政行

ブックデザイン：大西隆介＋椙元勇季（direction Q）
DTP制作：濱井信作（compose）
編集：綾女欣伸（朝日出版社第五編集部）
編集協力：平野麻美＋大前水緒（朝日出版社第五編集部）

発行者：原 雅久
発行所：株式会社 朝日出版社
〒101-0065 東京都千代田区西神田3-3-5
tel. 03-3263-3321　fax. 03-5226-9599
http://www.asahipress.com/

印刷・製本：図書印刷株式会社

ISBN 978-4-255-01052-6 C0095